D' Wiesn

Geschichten rund ums Münchner Oktoberfest

Zusammengetragen und aufgezeichnet von
Hermann Memmel, Helmut Schmid
und Max Spiegl

Mit Zeichnungen von Ernst Hürlimann

KNÜRR

Dieses Buch wurde gefördert
vom Festring München e.V.

© 2007 Alois Knürr Verlags-GmbH

Sperberstr. 23 - 81827 München

Tel. 089-43 76 61 00 - Fax 089-439 29 86

knuerr-verlag@t-online.de

Alle Rechte vorbehalten

Redaktion, Gestaltung, Cover:
ServiceBüro Burgauner, München

Druck: Finidr s.r.o. CZ

ISBN 3-928432-41-9 / 978-3-928432-41-2

Inhalt

Grußworte

Sie wurde oft kopiert, aber nie erreicht: Die Wiesn, seit 1810 Inbegriff Münchner Lebensfreude, ist nach wie vor nicht nur das größte und bekannteste, sondern auch das schönste und stimmungsvollste Volksfest der Welt. Der Einzug der Festwirte und Brauereien mit ihren Prachtgespannen, das traditionelle „O'zapft is!", mit dem der Münchner Oberbürgermeister seit Einführung dieses Brauchs durch Thomas Wimmer die Wiesn eröffnet, der farbenprächtige Trachten- und Schützenzug, das Konzert der Wiesn-Kapellen zu Füßen der Bavaria, der Aufzug der bayerischen Schützen zum festlichen Abschluss, vor allem aber auch die Atmosphäre in den Zelten, bei den Fahrgeschäften und Schaustellern, der Duft von Brathendln, Steckerlfischen und gebrannten Mandeln – das alles ist so unvergleichlich und unbeschreiblich, dass man es selber erlebt haben muss.

Dabei erweist sich die Wiesn aber gerade auch hinter den Kulissen als unerschöpflicher Quell heiterer und kurioser Geschichten. Davon erzählt dieses Buch, und dazu wünsche ich seinen Leserinnen und Lesern eine unterhaltsame und vergnügliche Lektüre – und natürlich jede Menge Anregungen für viele Wiesn-Besuche!

Christian Ude
Oberbürgermeister der Landeshauptstadt München

Wie das Leben, so schreibt auch das Oktoberfest Geschichten, die uns berühren, lächeln oder gar herzhaft lachen lassen. Unsere Wiesn lebt von diesen Geschichten, die wir im Herzen tragen, weil wir uns immer wieder an sie erinnern.

Die Wiesn ist ein buntes Panoptikum mit unterschiedlichsten Akteuren und immer neuen Attraktionen. Zum Feiern kommen die Gäste aus München, Bayern, Deutschland und der ganzen Welt auf das Münchner Oktoberfest.

Hier bauen Schausteller ihre spektakulären Fahrgeschäfte auf. Die Krinoline dreht gemütlich ihre Runden. Die Marktkaufleute warten in den Standln mit allerlei „wiesnmaßiger" Ware vom Herzl bis zum Maßkrughut auf Kundschaft. Wiesn-Wirte residieren in den 14 großen Festhallen. Hinter den Kulissen des größten Volksfests der Welt kümmern sich die städtischen Behörden, Feuerwehr, Polizei, das Bayerische Rote Kreuz, Wachleute, Handwerker und natürlich die Festleitung um das Wohl der Wiesn und ihrer Gäste.

Von „O'zapft is" bis zu „alten Zeiten" können diese Menschen, die zum Oktoberfest gehören wie die Brezn zum Bier, G'schichtn erzählen.

Wie schön, dass es Hermann Memmel, Helmut Schmid und Max Spiegl mit vorliegendem Bücherl gelungen ist, die Anekdoten, Episoden und Erinnerungen festzuhalten, die von den heiteren und kuriosen Seiten unserer Wiesn Kunde geben.

Geneigter Leser, gehst Du dann auf das Oktoberfest, schau genau hin – und erlebe Deine eigene lustige Wiesn-Gschichte!

Dr. Gabriele Weishäupl
Festleiterin des Oktoberfests

Zum Inhalt

Unzählige G'schichten und G'schichterl könnte man vom Ursprung der Wiesn, dem größten Volksfest der Welt, bis heute berichten. Heitere Erlebnisse, kuriose Geschehnisse, zwischendurch bestimmt auch ärgerliche, betrübliche oder gar traurige Missgeschicke ließen sich da aufzählen.

In diesem Buch jedoch sollen die – soweit erlebt, erzählt und aufgezeichnet – wohl lustigsten, die bestimmt nicht alltäglichen „Wiesn-G'schichten" präsentiert werden. Obwohl solche oder ähnliche auch heute noch und täglich immer wieder passieren. Oder passieren können.

Die Wiesn hat zweifelsfrei für alle, ob direkt oder indirekt beteiligt, ob Organisator oder Besucher, ihre eigenen Gesetze. Und schon lange vor dem offiziellen Auftakt beginnt der große und so beliebte Trubel. Von der Vorplanung über den Aufbau bis hin zum Tagesablauf, eine unendliche Fülle an finanziellem, personellem und persönlichem Einsatz ist notwendig, bis es dann endlich heißt: „O'zapft is!"

Auf d'Wiesn geh'n – und die Wiesn erleben, das sind oftmals zweierlei Dinge. Wer beides kann und kennt, für den ist sie das, was sie eigentlich sein soll. Schlicht und einfach: Die WIESN.

Möge diese kleine Auswahl von Episoden, Ereignissen, Erlebnissen und Gegebenheiten allen Lesern einen humorigen Einblick und allen Beteiligten eine liebenswerte Dokumentation sein.

Zu den Autoren

Hermann Memmel ist bayerischer Landtagsabgeordneter und seit 1972 dem Oktoberfest als Wiesnstadtrat und in weiteren Funktionen eng verbunden.

Er ist nicht nur ein wahrhafter Wiesn-Liebhaber, er war und ist immer noch ein Verfechter vieler wertvoller und notwendiger Neuerungen. Aber ebenso bei Bedarf auch erfolgreicher Verhinderer so mancher Blödsinn-Idee. Er bemüht sich um das Wohl aller Beteiligten, obwohl er mit Recht behauptet: „Jedem oiss recht macha, des konn sowieso koaner."

Dass er heute „Wiesn-Ehren-Rat" und allseits beliebt und hochgeschätzt ist, kommt also nicht von ungefähr.

Helmut Schmid ist Wiesn-Stadtrat seit 2002. Er hat aber nicht nur den Wiesn-Maßkrug im Auge, denn was sich vor, während und nach der eigentlichen Wiesn alles so abspielt, ist nicht von Pappe. Nach außen hin sicher ein schöner und begehrenswerter Posten, aber zur rechten Zeit schäumt neben dem Bier auch die Emotion so mancher Beteiligten über.

Doch der gebürtige und heimattreue Münchner kennt und weiß um die Probleme. Er kennt ebenso die heiteren Seiten wie auch den „Wiesn-Stress". Dass auch er so manches Wiesn-G'schichterl erlebt oder erfahren hat, das sei hier mit aufgezeigt.

Max Spiegl ist ein Münchner besonderer Bauart. Mit einem ehemaligen (leider längst verstorbenen) Wiesnhendl-Brater als Taufpaten, als Autor der München-Klassiker-Buchserie „Uns Münchner wenn's ned gaab" kennt und liebt er „sein" München und natürlich auch die Wiesn. Zahlreiche Anekdoten und G'schichten in der genannten Buchserie, Beiträge bei Wiesn-Jubiläen, ob beim Riesenrad, bei der Krinoline, auf dem Teufelsrad, beim Schichtl, vom ehemaligen Sonderpostamt, bei „den wichtigsten Grundregeln im Umgang mit Wiesnbier" oder beim „Ende einer Steckerfischfreundschaft", er beobachtet und beschreibt auch die oftmals stillen Winkel mit feinem Gespür, was die Wiesn wirklich ist: ein Fest der Freude, der Attraktionen und der größte Biertisch der Welt.

Nehmen Sie Platz und „Prost und a'n Guad'n".

Auf geht's zur Wiesn !

Bevor dieser Ruf ertönt, gibt es für alle Beteiligten jede Menge Arbeit. Planen, disponieren, organisieren, an tausend Dinge gleichzeitig denken. Denn zum Wiesn-Beginn, da muss einfach alles klappen. Was es auch tut. Meistens.

Bis die Festwirte mit Familie in ihren Kutschen, die Bedienungen. die Musikkapelle und auch einige Ehrengäste auf den Festwägen auf ihren Plätzen sitzen, da kann schon mal jemand auf die Schnelle vergessen werden.

Oder wie mal ein Wiesnwirt seinen Trachtenhut mit Gamsbart irgendwo hingelegt und das Fehlen erst in der Kutsche bemerkt hat. Was jetzt? Er hat einfach einem mitfahrenden Spezl dessen Prachtstück vom Kopf genommen. Bloß, dieser hatte das, was man in München einen „Belle" nennt. Also, diesen Hut konnte er unmöglich aufsetzen. Weshalb der Wirt mit dem „Leihstück" während der ganzen Fahrt elegant und großzügig ins Volk gewedelt hat. Selbst ein einmal etwas verspätet angekommener OB hat erst nach einem kleinen Zwischenspurt seine Kutsche erreicht. Denn pünktlicher Beginn des Wiesn-Einzuges ist oberstes Gebot bei den Verantwortlichen.

Wenn dann gar noch die Fernsehteams bei der Prominenten-Vorbeifahrt mit ihren Kameras auf der falschen Straßenseite stehen und die in der Kutsche sitzende Nebenperson alleine schon die ganze Filmbreite in Anspruch nimmt, wird's mitunter sogar tragisch. Die ganzen Lächeln-Proben und Jubel-Mienen umsonst. Aber wenn alle kurz vor 12:00 Uhr an ihren Zielplätzen eintreffen, sind derlei Problemchen schnell wieder vergessen.

Meistens sind ja sowieso die Prunkgespanne der Brauereien mit ihren geschmückten Bierfässern die große Attraktion und die begehrtesten Fotomotive. Wobei sogar die Pferde leise lächeln.

Der zweite Höhepunkt (auch in Punkto Aufregungen) ist dann

der tags darauf folgende Trachten- und Schützenzug. Hat doch glatt einmal die Stadtgärtnerei vergessen, einige der großen Blumentröge, die mitten im Aufmarschbereich standen, beiseite zu räumen. Ein Anruf bei denen bringt nichts. Niemand da. Die Polizei muss helfen. Gerne, aber wie und mit was? Also auch nichts. Bis dann die Feuerwehr einen Gabelstapler mit Blaulicht zum Einsatz bringt. Endlich ist die Straße frei. Auf geht's Richtung Wiesn.

Mit einem „Himmelherrschaftseiten no amoi, wo ..." wurde einmal fieberhaft das Zaumzeug für das berühmte „Maurus Zehner-Gespann" gesucht. Da war wirklich guter Rat teuer. Kurz der Reihe nach:

Ein verzweifelter Anruf ins heimatliche Allgäu. Erste Frage: „Wer weiß, wo das fehlende Zaumzeug im Moment ist?" Nichts bekannt. Zweite Frage: „Wer weiß denn, wo der ist, der weiß, wo es sein könnte?" Das weiß man. Gottseidank. Dritte und wichtigste Frage: „Ja, um alles in der Welt, wer kann den, der weiß, wo alles ist, erreichen und dafür sorgen, dass der, der sich damit auskennt, alles so schnell wie möglich nach München bringt?" Zur Beruhigung: Fünf Minuten vor dem Start des Festzuges konnte sich der Zehnerzug, komplett eingeschirrt und unter tatkräftiger Mithilfe der Polizei, programmgemäß in den Festzug einreihen.

Wesentlich ruhiger und mit echt bayerischer Gelassenheit taten da die zwei Ochsen vom Stocker-Bauern mit der Geltinger Himmelfahrts-Kirche auf den Anhänger ihren bereits gewohnten Wiesn-Dienst. Gemächlich passten sie sich dem Tempo des Zuges an und bei einem kurzen Halt, genau vor einer Promi-Tribüne, meinte der Leitochse zu seinem Partner: „Schaug amoi da nüber. In da ersten Reih'. De zwoa da vorn dro glei, des kunnt'n leicht Verwandte von uns sei'." Als gar noch ein kleiner Lauser freudvoll und kräftig „Muuuuh" schrie, hinterließ der Leitochse als Antwort und besonderen Gruß aus

Oberbayern noch einen anständigen Kuh-, nein, einen richtigen „Ochsenfladen". Bio-frisch.

Eine wesentlich freudigere Überraschung durfte kurz vor der Wiesn noch eine Trachtlergruppe aus dem Oberland erleben. Hat doch eine Münchnerin, die von einem Fenster im 1. Stock aus den Festzug genoss, einen derart herzhaften Juchzer losgelassen, dass die Marschierer, völlig überrascht, direkt aus dem Gleichschritt gekommen sind. Und spontan mit einem vielstimmigen Jodler diesen Gruß erwiderten.

Später, da wär's sowieso nicht mehr gegangen. Da waren sie allesamt heiser, hundsmüad und froh, endlich mit einer frischen Wiesnmaß an einem Tisch zu sitzen. Von da ab galt nur noch ein Wahlspruch, nämlich: „Auf geht's, jetzt san ma endlich da. Auf der Wiesn. Prost bei'nand."

„O'zapft is !"

Das „O'zapfa" ist zweifelsohne die wichtigste aller Funktionen für den Start des Oktoberfestes. Denn erst dann beginnt der Ausschank und all die durstigen Kehlen aus nah und fern finden ihre „Erfüllung".

Und wenn gar ein Oberbürgermeister der Münchner Stadt von sich selbst behauptet, dass er dieses Amt nur wegen des „O'zapfens" angestrebt hat, dann muss er nicht gleich die Unwahrheit gesprochen haben. Denn in keiner anderen Stadt der Welt hat dieses „O'zapft is" diese Wertstellung und Bedeutung wie auf dem Münchner Oktoberfest.

Die Idee des „O'zapfens" entstammte ursprünglich einer Anregung vom damaligen Schottenhamel-Festzelt-Wirt Michael Schottenhamel. Auf den man auch heute noch einen ehrwürdigen Schluck Wiesnbier trinken sollte.

Doch der Reihe nach. Der erste „O'zapfer" war fast mehr durch Zufall 1950 der damalige und heute noch legendäre OB, der Wimmer Dammerl. Beim ersten Mal waren es noch keine so kraftvoll gezielt-gekonnten Schläge wie heute, der „Wimmer Dammerl" hat noch mit gerade geführten „Stesserern" den Wechsel in das Faß und das Bier zum Laufen gebracht. Ganze 19 „Stesserer" hat er benötigt.

Thomas Wimmer war Oberbürgermeister bis 1960, das „O'zapfa" jedoch führte er bis ins Jahr 1963 aus. Denn sein Amtsnachfolger, Dr. Hans Jochen Vogel, hat ihm diese „Tätigkeit", wie er dies nannte, freundschaftlich überlassen.

Erst 1964 übernahm Dr. Vogel diese heilige Wiesn-Pflicht und sorgte bis 1971 für den Startschuss sämtlicher Wiesn-Schankkellner.

Sein Nachfolger, Georg Kronawitter, schwang dann von 1972 bis 1977 den Schlegel. Dass dem „Schorsch" dabei einmal ein Maßkrug in die Hand gegeben wurde, der unten einige ver-

„Wissen S', er is halt no Anfänger..."

Aus dem Lokal- und Bayernteil der Süd

Zeichnung: Ernst Hürlimann

...en Zeitung vom 18./19. September 1993

steckte Löchlein hatte, war der Grund, warum dieser Krug, sehr zum Gaudium der Umstehenden, nie voll werden wollte. Die Missetäter dieser Schandtat wurden jedoch nie ermittelt und konnten daher auch nicht entsprechend bestraft werden.

Dann war von 1978 bis 1983 Erich Kiesel als OB an der Reihe. Der doch prompt einmal den von allen so sehnsüchtig erwarteten Ausruf „O'zapt is" vergessen hatte. Was ihm während dieser Wiesn die vielfältige Frage einbrachte, wann denn jetzt „wirklich o'zapft werd".

Die Herrschaft im Rathaus und somit auch über den Wiesnauftakt übernahm dann von 1984 bis 1992 noch einmal Georg Kronawitter. Der es in gewohnter Manier pünktlich um 12:00 Uhr krachen ließ.

Lediglich der Hagn Wiggerl, Traditionswirt vom Löwenbräu-festzelt, erlaubte es sich, einmal um ganze vier Minuten vor Zwölf anzuzapfen. Wofür er vom Kreisverwaltungsreferat eine Abmahnung erhielt. Von einem Freund und Stammgast hingegen bekam er eine schöne goldene Uhr. „Damit'st künftighin genau woaßt, wann's Zwölfe is."

Seit 1993 ist nun Christian Ude unumstrittener Meister-schwinger. Er steigerte von Jahr zu Jahr seine Leistungen, indem er mit immer weniger Schlägen den Siegerruf verkünden konnte. Böse Zungen behaupten ja heute noch, er hätte dafür heimlich geübt. Derweil hätte es (fast einmal) in Wirklichkeit eine ganz andere Katastrophe gegeben: Christian Ude ist nämlich Linkshänder! Und gerade noch rechtzeitig konnten die Verantwortlichen das gesamte Mediengeschwader und die Aufnahmeplätze dergestalt umplatzieren, dass es nicht zu der von allen Prominenten, Politikern und sonstigen Größen überaus gefürchteten „Arschparade"*) gekommen ist.

*) Dies ist der branchen- und fachübliche Ausdruck für unerwünschte Rückansichten.

„O'zapft is" wird es auch weiterhin heißen. Egal, wer der Glückliche sein wird, der diesen Siegesruf in die große weite Welt verkünden darf. Mittlerweile sollen ja auch schon über 800 Millionen Chinesen so einen Bierbanzen-Anstich via Fernsehen miterlebt haben. Was aber gar nicht stimmt. Weil da, so zumindest die Meldung unseres O'zapfa-Häuptlings, genau zu diesem Zeitpunkt das fernöstliche Fernsehen total ausgefallen sein soll.

Doch das macht uns Normalbürgern, die wir am ersten Wiesntag pünktlich um zwölf Uhr auf die erste Maß warten, kein allzu großes Kopfzerbrechen. Schon eher den Freibier-Empfängern, die eine der überaus begehrten Einladungen in die Ratsboxe erhalten haben. Und vor lauter „Grüß Gott" hier und „Grüß Gott" da fast nicht zum Trinken kommen.

All denen auf diesem Wege ein kräftiges „Prost bei'nand."

So, und jetzt kommen die Wiesnwirte mit ihren
Festzelten an die Reihe, und zwar buchstäblich,
nämlich in alphabetischer Reihenfolge.

Im Armbrustschützenzelt

Wo is jetzt die Oma?

Erscheint ein junges Ehepaar völlig aufgelöst beim Festwirt. Sie wissen sich nicht mehr zu helfen. Denn die Oma wollte mit den beiden Kindern bloß schräg gegenüber einmal Karussell fahren und anschließend gleich wieder kommen. Das war vor über zwei Stunden. Die Mama war weniger nervös. Sie wusste nur zu genau, dass auf ihre Mama Verlass war. Aber der Herr Jungvater. Wie ein von hundert Wespen gestochener Dackel drehte er sich pausenlos im Kreis, um eventuell die abgängigen Familienmitglieder zu erblicken.

Der Festzeltwirt, Peter Inselkammer, beruhigte ihn erst mal und ließ in der Kinderfundstelle telefonisch anfragen. Aber nichts. Ui-je. Was jetzt tun? Die Mama war dafür, noch ein bisserl zu warten. Die müssen doch kommen.

Und prompt. Eine halbe Stunde später kam ein Anruf von der Kindersammelstelle. Zwei Kinder, wie beschrieben und vermisst, wären da. Gottseidank. Nichts wie sofort hin. Aber es war keine Oma da. Und die Kinder konnten lediglich sagen, dass die Oma immer bei ihnen gewesen wäre. Ob sie in einem Zelt gewesen wären und die Oma Bier getrunken hätte? „Nein", sagten beide, „mir san bloß Karussell g'fahrn und ham uns oiss og'schaut."

Blieb nur eine Anfrage nebenan beim Roten Kreuz. Und Gott sei Dank. Da war sie ja. Was war passiert? Ja, mei. Es war ein ziemlich heißer Tag und da hat ihr Kreislauf nicht so recht mitgemacht. So ging sie kurzerhand zu den Damen mit der weißen Armbinde, ließ sich ein Glas Wasser und eine Kreislauftablette geben. „Nur kurz" legte sie sich auf eine der bereitstehenden Liegen und war prompt eingeschlafen.

Wieder einigermaßen fit und mit der Familie vereint, ging's

über die Schaustellerstraße in Richtung U-Bahnhof. Und die beiden Kleinen hatten ihre wieder gefundene Oma fest an der Hand.

Zuerst hat die Oma sie geführt. Jetzt ging's umgekehrt.

Familientag auf der Wiesn

Klappt ned immer

Anfang der 90-er Jahre begann Peter Inselkammer jun. als „Jungwirt" u.a. als Schankkassierer. Um auch dies von der Pike auf zu erlernen.

Kommt da eines Tages ein etwas älterer, gepflegter Herr in den Schänkenbereich, der eigentlich nur dem Personal vorbehalten ist, und ordert eine Maß Bier. Worauf ihm der Junior-Wirt höflich erklärt, dass er sein Bier nur am Tisch bekommt und bei der Bedienung bestellen müsse.

Doch besagter Herr sagt sehr betont: „Wissen Sie eigentlich, wer ich bin?" Und fügt forsch noch hinzu: „Ich bin der Wirt vom Zelt."

„Oh, das freut mich aber sehr", antwortete ihm darauf Inselkammer jun., „schön, dass wir uns endlich einmal persönlich kennen lernen. Darf ich mich vorstellen: Dann bin ich nämlich ihr Sohn."

Fazit: Immer klappt nicht alles. Schon gar nicht mit einer falschen Vaterschaft.

Schankkontrolle

Die Vroni ist ein langjähriges bayerisches Urgestein auf der Wiesn, die trotz ihrer 80 Jahre immer noch mit Stolz und Freude auf „ihrer Wiesn" bedient. Sie hat und kennt ihr „Gäu" und die Stammgäste kennen und lieben sie."

Mit den Augen hat sie halt ein kleines Problem, aber ihre Brille braucht sie erst beim Abkassieren. Und was das Hören betrifft, so kann sie, wenn sie was nicht hören will, ihre Lauscher ganz abschalten. Ist auch gut so, bei so einem turbulenten Wiesnbetrieb.

Bis, ja bis sich ihr eines Tages ein Herr vom Kreisverwaltungsreferat als „Kontrolleur der Einschenkmoral" in den Weg stellt, ihr einen Ausweis unter die Nase hält und sie zum kurz stehen bleiben auffordert. Die Vroni, mit ihren frisch einge- schenkten Maßkrügen von der Schänke auf dem Weg zu ihren Gästen, meint ein bisserl ungehalten: „Genga'S ma doch aus'm Weg. Sie sehng doch, dass i jetzt koa Zeit ned hab." Und mit einem kurzen Blick auf den Ausweis sagt sie noch: „Und übrigens: Eahna Gutschein, der gilt da herinn ned. Da kriagn'S da nix dafür. Und jetzt lassen'S mi weitermacha."

Dem verdutzten Mann blieb nichts anderes übrig, als dieser „sanften" Gewalt zu weichen. Allerdings hatte er ebensoviel Verständnis für die Vroni wie auch Humor und erzählte dieses G'schichterl dem Senior-Chef.

Etwas später sprach dieser mit der Vroni über diese Sache. Und was tat die? Sie setzte ihre Brille auf, sah ihrem langjähri- gen Brötchengeber treu ins Auge und meinte nur: „Den hab i doch kennt. Aber wenn mi oaner mitten in der Arbeit aufhalten möcht, dann mag i überhaupt ned."

Lachte über's ganze Gesicht und eilte zur Schänke. Für die nächste „Lieferung".

Der Wirte-Napoleon

Richard Süßmeier, ehemaliger Armbrustschützenfestzelt-Wirt, auch der übrigen Welt als „Wirte-Napoleon" bekannt, hatte ja immer seine besonderen Auftritte, An- und Einsichten. Wenn er mochte.

Ob mit Eselsgespann, auf einem Schaukelpferd oder hoch zu Ross, an Ideen fehlte es ihm nie.

Einmal kam er als Armbrustschütze und saß, huldvoll ins Volk winkend, in der Schaumkrone eines überdimensionalen Maß- kruges. Im Gefolge die Musikkapelle, die Begleitmannschaft, das Personal, die Bedienungen und was noch dazu gehörte. Ein Aufmarsch, der riesigen Beifall erntete.

Als alle im Festzelt waren, saß der Richard immer noch hoch oben in der Schaumkrone. Alles Schreien, Winken und Gestikulieren war umsonst. Denn mit lauter „O'zapft is", mit der Musik und dem ganzen Trubel wurden seine Hilferufe einfach übertönt.

Erst der Kutscher hörte und entdeckte im Wegfahren den hilflosen Armbrustschützen. Der dann eine einfache Leiter für den verspäteten Abstieg brachte.

„Richard dem Großen" kam daraufhin der Gedanke (und die vielleicht sogar menschliche Erkenntnis): „Kaum geht die Wiesn an, geht der Wirt schon nicht mehr ab."

Im Augustiner

„I mag koa anders Bier ois wia Augustiner", erklärt der Schleicher Georg, als in der Kegelrunde der Wiesnbesuch angesprochen wird.

„Jetzt dua ned gar a so. S'letzt Mal hast beim Arno sei'n Geburtstag a drei Maß g'schluckt. Des war koa Augustiner."

„Aber auf der Wiesn, da gibt's für mi bloß Augustiner", bremselte der Georg hinterher.

So einigte man sich also auf das Augustiner-Festzelt.

Schön war's wie immer und jede Menge Stuss und Schmarrn wurde auch dahergeredet. Über frühere Zeiten. Über die Preise von früher. Und überhaupt. Als dann eine Runde frisch gefüllter Krüge ankam, meinte der Königer Hans mit Kennermiene: „Aber ei'g'schenkt werd jetzt besser wia früher. Weil, des war ja furchtbar. Da hast nach zwoa Schluck scho a'n Boden g'sehng."

Da stimmten ihm die Kameraden zu. Und da fiel dem Obermeier Alfred ein G'schichterl ein, von dem er immer steif und fest behauptet, es sei wahr. Ja wirklich. „Da is mir amoi was Lustigs passiert. I bin auf'm Hoamweg mit'm Auto. Verkehrskontrolle: Fragt der Schandi: Wo kemman'S denn her? Woher wohl: Von der Wiesn. Aha. Und was getrunken? Ja freilich, a Wiesnbier. Wieviel? Ah ja, drei bis vier Maß. Und jetzt kimmt's. Fragt mi der: Wo? Sag i eahm: Im Augustiner. Schaugt der mi o' und sagt dann: Fahrn'S weiter, des war'n dann sowieso ned mehra ois vier Halbe."

Als auf das Lachen hin der Wirt, der Manfred Vollmer, vorbei kam, haben sie ihm dieses G'schichterl natürlich nicht erzählt. Denn so schlecht eingeschenkt auf der Wiesn, das gibt's heute nicht mehr. Hoch leben die Schankkellner!

Der erste „Arbeitstag"

Am allerersten Arbeitstag im Geschäft kurz „Grüß Gott" und „Guten Morgen" sagen, dann nach München fahren und auf dem Oktoberfest in einem Bierzelt, an einem schönem Platzerl mit einem frischen Hendl, einer schäumenden Maß Wiesnbier und mit netten Leuten so die „Arbeit" beginnen, wenn des nix is!!

Doch zur Sache. Jeder Mensch hat und braucht Freunde. Doch alljährlich zur Wiesnzeit hat ein echter Münchner besonders viele Freunde. Von überall her. Wegen „Platzreservierung auf der Wiesn". Schwierig bis manchmal sogar unmöglich. Doch a bisserl was geht immer. So zum Beispiel für einen wirklich guten und langjährigen Freund, Prokurist der Firma Fleißig und Spendabel aus dem Frankenlande. Der mit seinen engsten Mitarbeitern und einigen ebenso wichtigen Kunden auf die Wiesn kommt. Ist doch Ehrensache. Doch Boxenplätze für zwölf Mann, auch noch am Samstag-Nachmittag, das ist nicht ganz so einfach. Doch besagter Münchner schaffte es. Und dann rollen sie an, die Gäste. Stehen pünktlich zum vereinbarten Zeitpunkt vor der Tür und sind einfach glücklich, auf der Wiesn zu sein. Noch dazu, tatsächlich so schöne Plätze zu haben.

Ein junger Mann aus der Gästegruppe kommt neben den Platzbesorger zu sitzen. Und nach dem ersten „Prost" stellt sich heraus, dass der „Neue" ausgerechnet heute, beim Wiesnausflug, seinen „ersten Arbeitstag" hat.

Doch klar, dass der Münchner, selbst seit über dreißig Jahren mehr mit Arbeit als mit Feiern beschäftigt, schlicht und einfach erklärt, dass ein derartiger Arbeitsbeginn, mit einer frischen Wiesnmaß, mit Hendl und in geselliger Runde, nicht jedem lacht. Kann's fast nicht glauben, dass es sowas überhaupt gibt. Statt arbeiten auf die Wiesn.

Grad schön und zünftig war's. „Prost" und „G'sundheit", dazwischen ein paar Witzerl über die Bayern und die Franken und was halt so dazu gehört.

Als dann der „Neue" mal kurz weg ist, kommt der Herr Prokurist an den freien Platz, bedankt sich nochmals für die Mühe der Reservierung und erklärt, dass der Herr Nachbar kein Geringerer als der Junior, der kommende Chef des Hauses ist.

Oha, das ist ja dann was ganz anderes. Ist er doch auch der, der für den heutigen Auflug schön brav die Zeche bezahlt. Auf die Frage hin, ob er sich ausgerechnet mit dem Wiesnbesuch „einführen" möchte, wird er kurz aufgeklärt: „Nein, das keineswegs. Er ist ja schon seit längerer Zeit im Betrieb. Aber offiziell der Junior-Chef, das ist er erst seit heute."

Und weil er ganz offensichtlich ein Pfundskerl ist, war die anschließende Gratulation nicht nur willkommen, sondern, zusammen mit einem anständigen Schluck Wiesnbier, ein wirklicher Grund für „weiterhin eine gute Beziehung".

Zwischenzeitlich ist aus der guten Beziehung sogar eine echte Freundschaft entstanden. Eine Freundschaft, die auch ohne Maßkrug und ohne großes Blabla Gültigkeit hat. Also nicht nur zur Wiesnzeit.

Egal wann immer man sich sieht oder trifft, die Erinnerung an so einen „ersten Arbeitstag" ist der unvergessliche Beginn einer aufrichtigen und wertvollen Beziehung.

Ui, a Hubschrauber

Ganz aufgeregt kommt der Peterl an den Tisch vom Papa. „Kimm, schnell. Da land't a Hubschrauber. Der is bloß no zwanzig Meter hoch in der Luft."

Doch der Papa läßt sich nicht verrückt machen. Was soll da ein Hubschrauber vor dem Augustiner Zelt? Der Bub aber gibt keine Ruhe, er kann ihn jetzt direkt durch das Fenster sehen. Ganz nah.

Was ist wirklich los mit dem Hubschrauber? Weil die Wirtsbudenstraße und der gesamte Platz um's Augustiner-Zelt derart voll Menschen ist, dass das Brauerei-Gespann mit den Bierfässern nicht an die Schänke hin kommt, hat man die Polizei um Hilfe gebeten. Die hat ebenso wenig Überblick, und so dirigiert der Polizei-Hubschrauber von der Luft aus über Funk seine Bodentruppe.

Es heißt doch immer so schön: die Polizei, dein Freund und Helfer. Brav und Danke schön.

Ja, wenn des so is ...

Ein Münchner Geschäftsmann hat Gäste. Etliche Münchner – und einen Berliner. Eine echten. Wobei man klarstellen darf, dass echte Münchner und echte Berliner keinerlei Probleme miteinander haben. Schnauze und Herz beim Berliner, Goschn und Gmüatlichkeit beim Münchner. Was soll da passieren?

Also sich zu später Stunde der Berliner mit Dank und bester Laune beim Gastgeber verabschiedet, nimmt er seinen direkten Nachbarn und „Prost-Genossen" in die Arme, beklopft diesen überaus herzlich, und mit einem „Bussi links und Bussi rechts" stellt er noch fest: „Also, diesen Wiesn-Besuch, den werd ick nich so schnell vagessen. Det war wirklich dufte. Ick komme wieder." Auweh. Also Servus – pfüat di – tschüss, mein Junge.

Sagt daraufhin einer der Freunde mit deutlich hörbarer Entrüstung zu dem Münchner: „Ja sag amoi, was hast denn du für a'n Charakter? Lasst de du da von a'm Preißn abschlecka und abbusseln. Oiss was recht is. Ja, des hätt i ja nia glaubt von dir."

Doch der so Angesprochene lächelt nur und erklärt: „Oiso, normalerweise derf des koaner und mög'n tua i des ja a überhaupts ned. Aber", und nun folgt der alles entschuldigende Grund, „unser Berliner Freund hat mir versprocha, dass er morgen glei in der Früah wieder hoamfahrt."

Ja, wenn das so ist, dann ist das wirklich ganz was anderes.

Geschafft

Plötzlich steht sie da. Am Hauptsamstag Nachmittag. Wo alles rundum schon abgeriegelt ist. Wo keine Maus mehr ins Festzelt reinkommt. Aber sie hat es geschafft. Mit Pelzmantel (!) und einem jugendlichen Dirndl. Dem sie gut und gerne seit sechzig oder gar siebzig Jahren entwachsen ist. Aber mit ihrer Traumfigur verblüfft die „Lady" immer wieder. Einigen der Gäste ist sie bekannt. Eine ehemalige Schauspielerin, die, wie auch heute wieder, zur rechten Zeit ihre „Schau" abzieht. „Wahnsinn", sagen die einen, „ganz schee g'spinnert", die anderen. In Wirklichkeit ist sie weder das eine noch das andere. Sie legt halt Wert auf ihre Figur, auf ein gepflegtes Äußeres und das bisserl Jugendwahn, das wird ihr verziehen. Sie ist nämlich eine intelligente, liebenswerte und unaufdringliche Gesprächspartnerin.

Bloß zwischendurch, da brennt halt mal eine kleine Sicherung durch. Zum Beispiel, wenn sie auf die Wiesn geht.

In der Bräurosl

Der fliegende Leberknödel

Manche Leute mögen halt manche Sachen gar nicht. Zum Beispiel viele Italiener keine Leberknödel. Aber es gibt Speisen, bei denen ein solcher einfach dazu gehört.

Als da ein Spaghetti-Verschlinger der Bedienung erklären will, dass er „diese Ding da" nicht „wollen möge", erklärt ihm diese, dass „der da" da dazu gehört und prima schmeckt. „Musst halt probare macha. Schmeckt bene." Aha, probare. No, grazie, no.

Anstelle den Leberknödel einfach mal zu probieren oder ihn dann im Teller liegen zu lassen, wird der Italiener kindisch. Er nimmt doch glatt den Knödel in die Hand, beugt sich über die Empore, schaut und gestikuliert so lange nach unten, bis wirklich jemand rauf schaut und fragt ziemlich lautstark: „Du wollen solche Knödel? Bene Knödel."

Und tatsächlich sitzen da drunten ein paar Landsleute, die in gehobener Bierlaune „si – si" brüllen. Woraufhin der Knödelverachter ganz einfach etwas Schwung holt – und mit Garantie war es der bisher erste und einzige Leberknödel, der auf diesem Wege seinen Verzehrer gewechselt hat.

Bloß, die Zielsicherheit des Werfers war miserabel. Der „fliegende Leberknödel" landete bei einem ganz anderen Tischgast, keine zwei Zentimeter neben einem frisch gefüllten Maßkrug.

Natürlich hat's eine gewaltige Empörung über so viel Blödsinn gegeben. Natürlich wollte der fast Getroffene gleich auf die Empore und den Missetäter einen Riesendeppen und weiß Gott was noch alles heißen. Lediglich die Bedienung, die eine neue Lage Bier brachte, meinte mit einem deutlich hörbaren Seufzer und einem Blick nach oben: „Oh mei', manchmal, da san's dümmer wia kloane Kinder. Und glei gar, wenn's a Bier derwischt haben."

„Am liebsten tät i da jetzt nauf geh", sagte darauf der unten sitzende Gast, „und tät dem Nudelfresser a'n ganzen Teller voll frisch kochte Spaghetti um seine Ohren wickeln. Aber z'erst wär'n no a paar saftige Watsch'n fällig." Worauf seine Frau beschwichtigend eingriff: „Geh, jetzt sei doch ned glei so giftig und so rabiat. Des san hoid no junge, dumme Burschen. Und in dem Alter habt's ihr bestimmt aa so manchen Blödsinn trieben." „Des mag scho sei", kam die Antwort, „aber mit'm Essen rum schmeißen, des geht dann doch z'weit." Womit er zwar schon recht hatte. Aber was gibt es nicht auf dieser Wiesn-Welt?

Hochgefühle

A bisserl über die Anderen drüber wegschauen können. Ein bisserl eher als die Anderen gesehen werden, das ist für gewisse Stammgäste schon wichtig. Daher auch klar, dass während der Wiesnzeit so ein bevorzugter Platz in der Hausboxe auch täglich und eifrig genutzt wird.

Einen regelrechten „Hochsitz" hat da viele Jahre lang ein Münchner Geschäftsmann als besondere Ehre und Anerkennung besessen. Von wo aus er seine, meist zahlreichen, Gäste huldvoll begrüßen konnte.

Und wehe, irgendein Unbefugter wollte für ein Erinnerungsfoto diesen Paradesitz erklimmen. Mit einem „Schaugt's ned glei, dass' weiterkemmt's von da, Bagasch, windige", wurden diese rigoros von der Stammbedienung verscheucht. „Wär ja noch schöner, wo san ma denn?"

Ein Hochgefühl, nein ein Höchstgefühl besonderer Art durfte der Traditionswirt, langjährige Wiesnsprecher und „Gut Wetter Kerzen Stifter" Willi Heiden selber mal genießen.

Als Dank für das doch meist schöne und geschäftsfördernde Wiesnwetter hat er doch prompt der Bavaria selber mal eine Maß Wiesnbier kredenzt. Wie? Ganz einfach. Mit der großen Feuerwehrdrehleiter, vorne im Körberl drin. Es heißt nicht umsonst: Wo ein Wille ist, ist auch der Willi.

Er gehört zweifelsohne zu den Wiesn-Wirten mit Vorbild-funktion, mit Herz und Charme. Und dem garantiert größten Gamsbart auf seinem Hut. Unter dem ein heiter verschmitztes, offenes und stets liebenswertes Lächeln rausschaut.

Wenn's sogar dem Herrgott g'fällt

Dass der liebe Gott manche Menschen an gewissen Körper-stellen sehr ansehnlich und üppig ausgestattet hat, das kann man am Beispiel der Jodlerin Karin Weidner in der Bräurosl sehen. Und dass der Heiden Willi diese nette Person und Au-genweide auch gerne für die Begrüßung seiner Gäste und Pro-minenten an den Tisch bittet, ist ganz normal. Und zweifelsohne was Schöns.

Bloß einmal, da war ein hoher geistlicher Würdenträger in der Bräurosl. Die Karin ließ von der Musikbühne einen herz-haften Begrüßungsjodler erschallen und saß dann diesem himm-lischen Abgeordneten direkt gegenüber. Der das „Holz vor der Hütt'n", das ihm ins Auge lachte, sichtbar genoss.

Während das „fesche Deandl im feschen Dirndl" ein bisserl verlegen dreinschaute und rumdruckste, meinte ihr Gegenüber mit wohlwollendem Blick nur: „Schaugn'S, des, was der Herr-gott geschaffen hat, des soll ma doch aa o'schaug'n. Und sich dro g'frei'n. Und wenn's gar no was b'sonders Schöns is, dann tät des bestimmt aa a'm Herrgot selber g'falln."

Hielt seinen Maßkrug in die Höhe und mit einem „Prost bei'nand" war alles gesagt und klar.

Ganz andere Grundlagen

Der etwas betagte Michl schaut sehr intensiv auf so ein üppig gefülltes Dirndl. So sehr, dass sein Eheweib, die Betti, fast ein bisserl bremsend sagt: „Jetzt glotz dir doch ned glei d'Aug'n aus. Du oider Depp. Bloß weil de a bisserl a'n größern Busen hat. Da brauchst du nimmer vui studiern."

Doch der Michl winkt ab und erklärt: „Naa, ned zweng's dem. Aber mir fallt dabei was anders ei'. Dampfnudeln, Dampfnudeln hast scho lang koane mehr g'macht."

In der Fischer Vroni

Man sieht sie meist noch gar nicht, aber man hat ihren herrlichen Duft schon im Naserl. Unverkennbar Steckerlfisch. Für viele Wiesnbesucher neben Bier und Brezn das Wiesn-Schmankerl schlechthin. Schon das Anschauen, wenn sie sich mit goldbraunen Bäuchen anbieten und einem direkt das Wasser im

Mund zusammen laufen lassen. „Für jedes Foto von da a'n Zwoaring, für jeden Hobby-Film a Fünferl und von de Japaner jedsmal a Zehnerl", hat der Karl einmal überschlagen, „da kunnt i des ganze Jahr über Wiesn feiern."

In der „Fischer Vroni" hat ein edler Spender eingeladen. Und als (angeblicher) Fisch-Kenner natürlich seine ganz persönliche Empfehlung und Auswahl angeboten. Einen Zander für 6 Personen, bitteschön. „Aber fei' ganz frisch, gell!" ermahnt er die

Bedienung und vor lauter Wichtig-Wichtig hat er ganz überhört, dass er selbstredend ganz frisch zubereitet wird. Es dauert halt a bisserl, bis so ein Zander serviert werden kann. Aber schließlich ist man ja auf der Wiesn. Zum Genießen. Und nicht auf der Flucht.

Und während andere Gäste rundum schon fleißig schmausen und sich zufrieden den Mund abwischen, wartet er immer noch. Dann wird er plötzlich ungeduldig. „Ja, Sie", bremst er die Bedienung in ihrem Schwung, „wia lang müassen mir denn da jetzt no warten, bis unser Zander fertig is?" Wieder dieselbe Antwort. Er schaut auf die Uhr, schon über eine halbe Stunde. Bis einer seiner Gäste aufklärt: „So ein Zander mit zwei bis drei Kilo, der braucht schon eine Stunde. wenn er frisch zubereitet wird." Was jetzt? Warten, ganz einfach warten. Was sonst.

Da hat der Otto Nimmersatt wieder mal schnell geschaltet und meint: „Bis der Fisch kimmt, ess i derweil mei Nachspeis." Und hat der Bedienung Apfelkücherl in Auftrag gegeben. Mal was Neues. Zuerst die Süßspeise und hinterher den Fisch.

Dann endlich war er da, der Zander. Eine Augenweide und ein Hochgenuss. Die Welt war wieder in Ordnung. Als es dann an die allgemeine Nachspeise ging, hat sich Otto für einen Kaiserschmarrn entschieden. Nach so einem guten Fisch, stellte er fest, würde der am besten passen.

Als er dann gar noch erzählte, dass er von einer früheren Wiesn her zu Hause ein echtes Steckerlfisch-Steckerl hat, hätte ihm der Gastgeber am liebsten den Zanderkopf noch mitgegeben. Aber da war der, mitsamt Grätengestell und Schwanz, schon abserviert.

Das nächste Mal dann.

Im Hackerzelt

„Geh zua – schleich di"

Mit dieser ziemlich klaren, wenn auch nicht gerade höflichen Aufforderung stand er da, der Herr Roiderer. Vor seinem eigenen Wiesn-Festzelt. Und das im ersten Jahr.

Und das nur, weil er sich bei seinem Wiesn-Sprecher-Vorgänger, dem Willy Heiden, in der gegenüber liegenden „Bräu-Rosl", noch eine guten Rat geholt hat.

Aber der an allen Türen sichtbare Hinweis „Wegen Überfüllung geschlossen" erlaubte dem Ordnungsdienst keinerlei Ausnahme. Und der Aufpasser machte ja nur das, was ihm der Wirt tags zuvor noch ausdrücklich und eingehend erläutert hatte.

Dass der Roiderer Toni unter derart vielen an die Türen drängenden Menschenmassen nicht als der Hausherr erkannt und daher auch nicht sofort akzeptiert wurde, ist in so einem Trubel nur zu verständlich.

Aber auch an den Seiteneingängen dasselbe G'frett. Ja, Himmelherrschaftseiten, da wollte gar einer den Personalausweis sehen. Doch zum Glück kam drinnen eine Bedienung vorbei, die dem Chef dann den Zugang zu seinem eigenen Bierzelt ermöglichte. Beim nächsten Treff mit Wirte-Kollegen durfte er allerdings erfahren, dass das jedem schon ein- bis mehrere Male passiert ist.

Im zweiten Jahr als Wiesn-Wirt hatte der Toni Roiderer eine Schänke vergrößert. Was ja nur gut ist. Für den Gast und für den Wirt. Bloß hatte er im Eifer der Vorplanungen vergessen, auch einen zweiten Schankkellner dafür einzustellen. Und bei seinem vorsorglichem Rundgang vor Wiesnbeginn blieb ihm nichts anderes übrig, als selber mit an- bzw. einzugreifen. Also runter mit dem Festtagsjopperl und ran an die Krüge.

Doch so eine schier endlose Parade von Wiesnmaßkrügen ist halt was anderes als ein gepflegtes Halbe-Krügel in seinem Wildpark-Restaurant. Und nach gut zwei Stunden Einschenken im Akkord hatte der Gute direkt Blasen an den Händen. Was den erfahrenen und langjährig im Umgang mit Wiesnkrügen geübten Schankkellner zu der Bemerkung veranlasste: „Da wär'n mir G'lernten ja sonst Deppen." Und seither achtet der Wirt ganz besonders auf eine komplette Besetzung dieser Durstlöschstationen.

Im Verlauf der Jahre sind der Roiderer Toni, seine Frau, die Familie und sein gesamtes Team eine eingeschworene Mannschaft geworden. Vorbei auch die Zeit, als am Anfang an den Damentoiletten der Stau immer länger und länger wurde. Nicht deshalb, weil's bei Damen halt ein bisserl länger dauert als bei den Mannsbildern. Nein, Ursache war ein cleveres Service-Team, das bei „Überlastung" einige der Kabinen einfach verschlossen ließ. Weil da kein Tischerl für das Trinkgeldkacherl war. Aber auch dieses Problem wurde inzwischen gelöst.

So gibt es vor, während und sogar noch nach der Wiesn immer wieder irgendwelche Geschehnisse und Gegebenheiten, bei denen man sagen könnte: „Des derf doch ned sei'. Des gibt's doch gar ned." Ja, von wegen.

Hat doch der Sommer Sigi zu seinen Lebzeiten schon festgestellt, dass es „nirgends so zuageht wia auf der Welt." Warum soll's da ausgerechnet auf der Wiesn anders sein?

Die Geburtstags-Maß

Der Stöckl Willi war das, was man hierzulande ein „Schlitzohr" nennt. Er hatte nie wirklich Böses im Sinn. Und geschädigt im Sinne von „draufzahlen" wurde auch keiner. Er hatte nämlich eine ganz harmlose und doch liebenswerte Tour. Immer zum „Geburtstag".

Heimatadresse im Blickfeld

Als einmal an seinem Wiesn-Stammtisch einer seiner Spezl wegen irgendeiner Sache verlauten ließ: „I gratulier dir ganz herzlich", da kam zufällig der Wirt daher und fragte: „Ham'S Geburtstag?" Worauf der Willi blitzschnell reagierte. „Jaja, aber des is nix B'sonders." Worauf ihm der Wiesnzelt-Hausherr prompt eine Geburstagsmaß hinstellen ließ und nochmal „Oiss Guade" wünschte.

Und weil der Willi ja nicht dumm ist, ließ er diesen Geburtstag genau zur Wiesnzeit weiterleben. Dass sein wirklicher Geburtstag im Februar ist, das kam hier überhaupt nicht zur Sprache. Warum auch.

Erst nach einigen Jahren wurde die auf der Wiesn gestiftete Geburtstags-Maß als gar nicht gültig erkannt. Als nämlich der Willi zu einem runden Geburtstag, und zwar im Februar, seine Freunde in die Gaststätte des Wiesn-Wirtes zum Abendessen einlud, war natürlich das Wirtsehepaar auch zur Stelle.

Während sich die Geburtstagsgesellschaft wunderte, warum der Wirt mit einem frisch gefüllten Maßkrug daher kam, ahnte der Willi schon, was jetzt kommen würde.

Der Wirt stellte dem Willi die Maß Bier auf den Tisch, gratulierte, wie sich's gehört, und sagte nur: „Oiso, de Maß da, des is jetzt a wirkliche Geburtstags-Maß. De lassen'S Eahna schmecka. Und aa no unsere besten Glückwünsch."

Von der „Wiesn-Geburtstags-Maß" erwähnte er nichts. Erst bei der Verabschiedung sagte er mit einem sanften Lächeln: „Dankschön für's Kemma. Und der Geburtstag, der zur Wiesnzeit, wann genau is der jetzt wieder?" Der Willi versprach nur, sich auf jeden Fall rechtzeitig zu melden.

Wenn's wirklich drauf ankommt, dann muss man bloß flexibel sein. Wie der Willi. Der, wenn's drauf ankam, sogar drei- oder viermal im Jahr Geburtstag hatte. Warum auch nicht.

Im Hippodrom

A fesche Bedienung

Zur Wiesn gehören nicht nur anständige Wirtsleut', ein gutes Bier, was G'scheid's zum Essen und eine schneidige Musik. Auch für's Auge muß da was geboten sein. Weshalb die meisten Bedienungen in einem feschen Dirndl die Gäste versorgen. Und je nachdem, wieviel „Holz vor der Hütten" geschichtet ist, bekommt da so mancher richtige Knopfaugen. Hinschauen, das darf er ja. Peinlich kann's allerdings werden, wenn dann eine andere, möglicherweise sogar sehr prominente Dame das fast (!) gleiche Dirndl anhat.

Geht doch der Sepp Krätz nach elf Uhr mit zwei sehr wertvollen Gästen noch zum Käfer. Sie werden dort vom Michi gebührend begrüßt und an einen Platz mit bereits anwesender Prominenz geleitet. Als dann noch eine sehr vornehme Dame der Münchner Gesellschaft an den Tisch kommt, bekommt der Gast vom Hippodrom-Wirt besagte Knopfaugen. Als gar sein sanftes Lächeln erwidert wird, nimmt er sich den Mut und sagt: „Hallo fesche Dame. Sind Sie nicht die Bedienung, die mich vor einem Stünderl im Hippodrom bedient hat?"

Zuerst eisiges Schweigen. Wie kann es sowas denn geben? Oh Gott, wie peinlich.

Doch der gute Mann hat offensichtlich schnell kapiert, dass er da einer Verwechslung unterlegen ist. Nach näherem Hinschauen, diesmal auf das Dirndl, hat er der Dame dann ein großes Kompliment für dieses schon „besonders schöne und schicke Trachtenkleid" gemacht.

Was er allerdings nie erfahren wird: Dieses Dirndl wurde von „Gnä' Frau" gleich am nächsten Tag aussortiert. Denn als Bedienung wollte sie nicht noch einmal eingestuft werden.

„Vergelt's Gott tausendmal. Und a ewig's Leben."

Einer guten Münchner Tradition folgend, werden auch im Hippodrom alljährlich einmal Bedürftige aus dem Kirchenbereich von Sankt Bonifaz kostenlos bewirtet. Was natürlich für diese Menschen soviel wie ein Geschenk des Himmels ist. Wiesnbier, ein Hendl, eine Brezn, Wiesnatmosphäre. Und wenn der Wirt selber noch vorbeikommt und „a'n Guadn" wünscht, Herz, was willst du mehr!

Bei der Verabschiedung bedanken sich die so Beglückten mit wenigen, aber ehrlichen Worten. Meistens heißt es nur: „Wirklich a herzlichs Vergelt's Gott. Schee und guad war's. Und mir wünschen Eahna a langs und a g'sunds Leben."

Laut sagen tut's keiner, aber denken werden sie sich's alle. „Mei', wär des schee, wenn's jed'n Monat a Wiesn geben tät." Aber ein Jahr, das vergeht ja oft so schnell.

Im Hofbräuzelt

Vergessen'S des, da geht gar nix

„Sie sehng'S doch selber: Wegen Überfüllung vorübergehend geschlossen." Mit dieser Aussage verwehrt ein wirklich gut motivierter Ordnungsmann dem Steinberg Günther, seines Zeichens Festwirt vom Hofbräuzelt, den Zugang.

„Aber i bin doch der Wirt", versucht ihm Günter Steinberg klar zu machen. Doch der Mann an der Tür: „Des sagt jeder nach zwoa Maß Bier. Oiso, vergessen'S des. Da geht gar nix."

Zum Glück konnte sich der tatsächliche Wirt ausweisen und wurde auch als solcher dann anerkannt und eingelassen.

Am nächsten Tag kam der Ordnungsmann vor Dienstantritt zu Günther Steinberg persönlich, um sich für seine gestrige, doch etwas barsche Einlass-Ablehnung zu entschuldigen. Schließlich hatte er ja nur seine, in derartigen Situationen nicht immer leicht einzuhaltende, vom Wirt selbst verordnete Pflicht getan.

Dem Günter Steinberg war's schon klar, dass sowas halt zum Alltagstrubel gehört. Also kein größerer Grund zum Meckern. Im Gegenteil. Eine schöne Brotzeit war die Anerkennung für eine solche Pflichterfüllung.

's Bier geht aus!

Was Schlimmeres kann es wohl kaum geben, als wenn um 21:45 Uhr aus einer Schänke die Meldung kommt, dass der „letzte Hirsch o'zapft und in 10 Minuten dann s'Bier aus is!"

So geschehen, als noch die 200 Liter-Fässer, besagte „Hirschen", auf den Schanktisch gerollt wurden und das Bier direkt vom Fass in die Krüge floss.

Ja, was jetzt tun? Weitere Fässer von anderen Schänken durch das vollbesetzte Bierzelt rollen, unmöglich. Außenrum, ums ganze Zelt, das geht zweimal nicht.

Halt, die Lösung: Keine 10 Meter von dieser Schänke entfernt ist ja das Nachbarzelt. Vom Süßmeier Richard. Und wenn's ums Bier geht, gibt es unter Wirte-Kollegen kein Problem. Und, kurze Rückfrage, der Richard hatte an dieser Stelle noch genügend auf Lager. Alsdann, wer sagt's denn.

Kurz darauf lagen zwei Fässer da, wo so dringend Bedarf war. Aber das wirkliche Problem war nun, wie man diese gar nicht leichten „Hirschen" auf den Ganter, den Schanktisch bringt. Heben – da müssten mindestens sechs Mann vom Typ Steyrer Hans da sein.

Also, schnell aus dem nächsten Lagerbereich eine Leiter und einige längere Holzbretter und mit „Hauruck", „No a Ruckerl", mit Ächzen und Stöhnen hatten der Schankkellner, eine weitere Hilfe und auch der Wirt selber das wertvolle Gut zur Hälfte bereits hoch gerollt. Doch dann ein Krachen, die Notkonstruktion knickte wie Streichhölzer zusammen, und in das unüberhörbare „Ja, Himmelherrschaftseiten" und in weitere Kraftausdrücke des Schankkellners spielte die Musik schön laut und kräftig „Ein Prosit der Gemütlichkeit".

Irgendwie kamen die zwei „Hirschen" doch noch auf ihren Platz. Und kurz darauf floss der edle Gerstensaft wieder in die Krüge.

Ach so, im Armbrustschützenzelt gibt's ja „Paulaner". Aber in einem derartigen „Notfall" ist es bestimmt kein Staatsvergehen, wenn der so übermächtige Durst einmal mit einem anderen Bier gelöscht wird. Hauptsache, es ist ein Wiesnbier. Und anständig ei'gschenkt.

In der Käfer-Schänke

Kalt erwischt

Wie heißt es so schön: „Wer den Schaden hat, spottet jeder Beschreibung." Wenn es aber auch mal einen erwischt, der eigentlich für fast alles ein gutes Händchen und einen nachweisbar „guten Riecher" hat, das wird halt nicht gerne hinaus posaunt. Wie zum Beispiel beim Käfer Michi.

Hat er (bzw. sein Management oder das böse Computersystem) doch glatt einmal die ganze Platzkapazität gleich zweimal vergeben und reserviert. Oh-je, das war mehr als eine herbe Überraschung. Dass es nach einigem Hin und Her, nach Aufregungen und Beruhigungen doch noch ein gutes Ende gefunden hat, ist ja bekannt.

Nicht bekannt dürfte jedoch sein, dass ein Anruf aus dem „Wirtschaftsreferat der Stadt München" wegen einem Schreiben des „Bundeskartellamtes" für zusätzliche Aufregung sorgte.

Hierin hieß es, einer „Wiesn-Nutzungs-Erweiterung" könne nur zugestimmt werden, wenn die Firma Käfer einen Teil der Zusatzfläche (auch unter dem Aspekt einer möglichen Wettbewerbsverzerrung) dem Roten Kreuz für „infrastrukturelle Nutzung" zur Verfügung stellen wird. Genau gesagt, soll es ein zusätzliches „Notzelt" für „Ausnüchterungsfälle" und dergleichen sein.

Zuerst und in seiner Verzweiflung, sagte der sonst sehr bedachtsame Käfer-Boss spontan alles zu. Auch die Herstellung eines „Schleimsupperls" für die Biergeschädigten im BRK-Zelt war kein Problem. Doch dem Transport von Biergeschädigten mit den berühmt-berüchtigten gelben Wagerl mitten durch seine doch meist noblen Gäste, dem konnte und wollte er auf keinen Fall zustimmen. Das wäre ja schrecklich.

Als dann gar noch dieser „Herr" von Wirtschaftsreferat einen Tisch für 8 Personen reserviert haben wollte, da hätt's dem Michi bei aller Beherrschung doch fast die Sicherung rausgehauen.

Doch zum Glück gab der Anrufer nach dieser wahrhaftigen Tortur zu erkennen, dass die Reservierung für – das „Spaßtelefon von Bayern1" war.

Also, was nun den Bernhard Ziegler vom „Spaßtelefon" betrifft, dem würde ich (der Autor) bei einem Besuch als Vorspeise einen gut gefüllten Teller mit der von ihm gewünschten Schleimsuppe in einem „Katzeneckerl" servieren.

Denn – a bisserl Strafe müsst' ja schon sein.

Im Löwenbräuzelt

A recht a liederlicher Kerl

Eine langjährig im Zelt tätige Herzl- und Andenkenverkäuferin sagte einmal, ziemlich unverhofft, zum damals noch 18-jährigen Hagn Wiggerl: „Sie moan' i, Sie san a recht a liederlicher Kerl." Auf die Frage hin, wieso sie denn auf diese Idee käme, meinte sie im Brustton der Überzeugung: „Ja, freilich. Jetzt siehg i Eahna vom ersten Tag o scho, wia sie bei de Gäst oiwei recht freindlich rumschwanzeln."

Der junge Wiggerl musste sich nicht erklären. Das machte eine der Bedienungen. Von da ab begegneten sich die beiden mit einem besonderen Lächeln. Und wenn der Junior-Chef für einen besonderen Gast mal ein Herzl oder sowas benötigte, dann war, wer sonst, sie die Lieferantin.

Einmal kam er mit seiner Mutter das Bergl von der Bavaria runter und die Frau Mama bemerkte zum ersten Mal die in Trachtenkleidung gesteckten Figuren auf dem über 30 Meter hohen Löwenbräu-Turm. „Ja, sag amoi", sagte sie zu ihrem Sohn, „wia kemma denn de da nauf? Und ham' die do aa a'n Eintritt zahlt?"

Wobei sie hinterher berichtigte: „Mir geht's da ned ums Geld. Da geht's um die Ordnung." Die schon auch sein muß.

Und irgendwann hat der Wiggerl einen etwas lästigen Reporter auf die Frage, wie lange denn der Löwe über dem Haupteingang da brüllt, einfach gesagt: „Nimmer lang. Weil's Bandl (Tonband) immer ausgeht."

Worauf der Pressemann eine entsprechende Notiz über das Ende des brüllenden Löwen verfasste. Eine Flut von Anrufen und Hilfsangeboten war die Folge.

„Horchen'S amal. I hab a ganz a tiefe Stimme. Und könnt garantiert auch so schön „Lööööwenbrräu" brüllen. Wenn'S wollen, kimm i glei morgen vorbei." Oder die Frage, wieviel denn so ein Bandl kostet. „Weil, des täten mir gern stiften." Und sogar ein bisserl ein boshafter Anruf war mit dabei, „Ob denn so a Festwirt oder so a große und geldige Brauerei ned amoi a nei's Bandl kaffa ko'!"

Woran man, in München zumindest, wieder deutlich erkennen kann: Verstehen und kapieren, das sind halt doch zweierlei Dinge.

Bei mir ned

Das beste Bier ist unbestritten das Freibier. Das normalerweise Prominente, ganz-, halb- und unwichtige Politiker und sonstige „Immer-und-überall-aa-Dabei's" trinken. Und wenn gar noch ein Hendl oder ein Schmankerlteller mit dabei ist, dann ist für solche die Wiesnzeit soviel wie der Himmel auf Erden.

Aber auch so manch kleiner Wichtl (sprich Angestellte oder Kollegin) kann zuweilen in einen solchen Genuss kommen. Wenn zum Beispiel eine noble Lieferfirma dem Geschäftspartner oder Auftraggeber Bier- und Hendlzeichen spendiert. Wohlgemerkt als „kleinen Wiesngruß", der keinesfalls als Bestechung oder gar noch Schlimmeres bewertet werden darf. Sondern ganz einfach eine anständige Tradition unter dem Motto „leben und leben lassen" ist. Oder war.

Und wenn da ein Abteilungs-Chef von zwei oder gar drei Firmen mit dieser sichersten aller „Wiesn-Währungen" für sich und seine Mitkämpfer bedacht wird, da heißt es dann zwangsläufig mal: „Oiso, übermorgen geh'n mir auf d'Wiesn. Der (oder die Firma Soundso) hat ei'g'laden." Dann verschiebt sogar der Bierbichler Toni, der eigentlich zwei bis drei Tage „krank" sein wollte, diesen Ausfalltermin. Denn auf die gemeinsame Wiesn zu verzichten, das wär mehr als blöd.

Dann ist's soweit. Ah, wunderbar, im Festzelt sitzen, eine frisch schäumende Maß, irgendein Schmankerl nach Wahl und einmal die ganze Abteilung ohne Unterschiede auf Wichtigkeit und Position beinand. Auf der Wiesn, da sind sie alle gleich.

Nach genußvollem Schmausen, dem Wiesnbier und dem üblichen Geplapper verdrückt sich der Abteilungs-Chef mit der Bedienung zum Zahlen an einen leeren Nebentisch. Man sieht zwei erstaunte Gesichter und kurz darauf kommt der Herr Geschäftsführer dazu. Der Chef selber ist gerade nicht im Zelt.

Dann zieht der Herr Abteilungsleiter seine Brieftasche und fingert nach Scheinen. Was soll das jetzt, was war passiert?

Der Abteilungs-Häuptling hat, ob in Eile oder in Unwissenheit, das falsche Kuvert erwischt. Das richtige mit den Bier- und Hendl-Zeichen liegt, ziemlich gut versteckt, in seiner Büroschublade. Peinlich, peinlich. Aber für heute wird er mal den Betrag hinterlegen und morgen dann die richtigen Gutscheine nachliefern.

Doch weil zum Schaden ja bekanntlich auch der Spott gehört, hat ihm sein Arbeits- und Wiesn-Geher-Team eine Gedächtnisstütze gebastelt. Hat im Büro einen großformatigen Wiesn-Übersichtsplan aufgehängt, die jeweils gültigen Bier- und Hendl-Marken kopiert und einen Hinweispfeil für das betreffende Bierzelt draufgeklebt. Vorsorglich sogar farbig markiert.

Dass der „Irrläufer" tags darauf bei der Bedienung mit einem Kuvert zur Endabrechnung aufgetaucht ist, braucht ja nicht jeder zu wissen. Und die mit Wiesngästen erfahrene Kellnerin sagte bloß: „Mei, sowas konn jedem amoi passiern." Steckte die nachgelieferten Marken und ein Extra-Trinkgeld ein und eilte zu ihren nächsten Gästen.

„Damischer Ritter"

Im Löwenbräuzelt hat ja die „Vereinigung der Turmfalken", besser bekannt unter „Damische Ritter" eine Boxe. Hintendran große Werbung und selbstverständlich: Ein Konterfei von Herzog Kasimir.

Stiert da von der Boxe nebenan ein Mannsbild aus dem schönen Bayerwald immer rüber, und als er grad mal raus muss, kommt er an den Tisch vom Kasimir und fragt nicht ganz, aber doch leise hinterfotzig: „Sagt's amoi, wie muss ma denn da sei', wenn ma a so a „Damischer Ritter" werd'n möcht?"

Der Kasimir, es ist der Walter Lindermeier, schaut ihn kurz an und sagt bloß: „A so, wia du jetzt aus- und dreischaug'st, brauchst bloß no a Ritter werd'n."

In der Ochsenbraterei

Wie sich's gehört, dreht der Herrmann Haberl in seinem Ochsenbrater-Zelt seine regelmäßigen Runden, um die Kundschaft und seine Freunde zu begrüßen.

Denn speziell zur Wiesnzeit, da hat der Hermann so knapp 390 000 „Freunde". Von denen ein Großteil vorweg immer ein bisserl scheinheilig fragt, wie's ihm persönlich und der Familie, wie's G'schäft und wie's überhaupt geht. Und ob er denn keinen schönen Platz hätte. Aha, daher weht der Wind.

Doch der Hermann ist stets Herr der Situation. Ruhig und gelassen bekommen alle Frager zu hören, dass es „ja-ja, ganz gut geht und oiss in Ordnung ist."

Und als einmal ein ganz großes G'scheiderl von ihm das Geheimnis wissen wollte, wie er jedes Jahr mehr Ochsen auf den Spieß und auf die Teller bringt, dann sagt er nur: „Ja mei', mir macha ganz einfach größere Portionen."

Und wenn es die Zeit erlaubt, lässt der Hermann dem Neugierigen auch mal eine weitere Wiesn-Weisheit zukommen. „I hab mir scho überlegt, ob i ned in Japan a Bonsai-Ochsenzucht mach. Da gaab's dann von oam Ochsen vier Portionen."

Apropos Ochsen. Als der Haberl Hermann wieder einmal, cirka acht Wochen vor der Wiesn, auf dem Städtischen Gut Karlsfeld bei Erding die wohlgenährte Tierherde besuchte, hörte er diese gerade diskutieren. „Mei, was werd mit uns amoi passieren", meinte besorgt der erste. „Doch gar koa Frag", sprach der zweite, „mir kemma auf d'Wiesn. In d'Ochsenbraterei. Da san mir ned bloß die besten Bröckerl, sondern de größte Attraktion." Mischte sich der dritte ein: „Fotografen kemma ganze Kompanien, s'Fernsehen aus der ganzen Welt. Und jeder von uns werd sogar no namentlich o'gschriebn, und mit Genuss verzehrt." Worauf die anderen alle freudig mit dem Schwanz wedelten. Über die Ehre, nicht irgendwie und irgendwo, sondern auf der Wiesn in der „Ochsenbraterei" verzehrt zu werden.

„Es stimmt scho", sinnierte nochmals der erste, „wia aa bei de Menschen. Man kommt nicht schon als Ochs auf d'Welt, man wird meist erst einer."

Wer sagt da noch einmal irgendwas von einem „damischen Ochsen"?

Das Riesenhendl

Einer durchaus verständlichen Verwechslung ist da die kleine Amalie unterlegen. Denn als sie mit ihrer Oma das allererste Mal mit auf die Wiesn durfte, da hörte sie immer nur Wiesnhendl, Wiesnhendl, Wiesnhendl. Wegen der Vorfreude der Oma auf so ein Wiesnhendl. Sicher gab es auch zu Hause ab und zu ein Hendl. Aber das war halt kein Wiesnhendl.

Auf der Wiesn selber, da sah sie die so begehrten Wiesnhendl. In einer Menge, dass sie es gar nicht glauben konnte.

Als beide auf ihrem Wiesnbummel noch in die Ochsenbraterei kamen, gingen sie natürlich zum Ochsen am Spieß.

Da blieb die kleine Amalie eine kurze Weile ganz ruhig stehen und sagte dann ganz überrascht: „Ui, Oma, schaug, a so a groß's Wiesnhendl. A solches hab i no nia g'sehng."

Als dann eine Bedienung mit Ochsenbraten und Wiesnhendl auf dem Tablett vorbei ging, wußte sie gar nicht mehr, was jetzt richtig ist. Doch die Oma klärte sie so gut wie möglich auf.

Also, derartige „Riesenhendl", die sogar noch eine Nummer, einen Namen und eine Gewichtsangabe haben, die gibt's auf der Wiesn wirklich nur in der Ochsenbraterei.

Restalkohol

„Noagerl" nennt man in München den Rest im Bierkrug (wenn nämlich das Bier im Krug „zur Neige" geht). Und jede Wiesn-Bedienung weiß meist ganz genau, wann sie dieses „Noagerl" gegen eine frische Maß austauschen darf.

Zwei Wiesn-Neulinge aus Holland betrachten ziemlich aufmerksam dieses Tun. Und fragen mit verhaltener Neugier einen Tischnachbarn. Sie sind der Meinung, dass man doch so ein gutes Bier auch völlig austrinken und genießen müsse.

Doch sie erhalten eine Erklärung, die sie am Anfang etwas zweifelnd, dann aber als durchaus verständlich akzeptieren. „Schaug'ts her", meinte ein Stammgast, „in dene Noagerl da, also in diesem Rest, da is der ganze Restalkohol drin. Von dem

ma dann – bei mehreren Maßen – a'n richtigen Brummschädel, sozusagen ein riesiges Kopfweh bekommt. Und drum lassen mir des liaber z'ruckgeh."

Zuerst ein ungläubiges Staunen der beiden Holländer und dann ein zwar zögerndes, wenn auch zögernd zustimmendes Kopfnicken. Und bevor sie sich noch eine Maß bestellen, lassen auch sie, jetzt ja eingeweiht in die spezielle Biertrinkkultur, den bewussten kleinen Rest, das „Noagerl", im Krug.

Erst bei der Verabschiedung erfahren die beiden den wahren Sachverhalt. Dass halt ab einem gewissen Zeitpunkt dieses Noagerl gar nicht mehr schmeckt.

Und wer's nicht wissen sollte: die erste (und zweite) Wiesn-Maß ist ein Durstlöscher und wird, weil frisch, restlos ausgetrunken. Wenn dann der gemütliche Genuss- und Ratschteil an der Reihe ist, dann haben Noagerl keine Chance mehr. Aber, wie bereits dargelegt, manchmal geht's schon um den Restalkohol. Denn vier Maß mit Noagerl sind ja dann fast fünf Maß. Da ist dann der Restalkohol oft deutlich zu spüren.

Gelb, und dann Gelb-Rot

Acht Mann hoch. Eigens aus England angereist. Zum „Oktouberfest mit Munich Beer". Haben sogar, für ganze drei Stunden, noch Plätze in einer Seitenboxe gefunden. Das ist soviel wie Karten für ein Europa-Cup-Endspiel.

Und weil's halt gar so zünftig ist, stehen einige von ihnen kurze Zeit später schon auf der Sitzbank. Mit fröhlich erhobenen Maßkrügen. In Richtung Musik. Was einem ebenso am Tisch sitzenden Münchner nicht so ganz gefällt.

Aber wie sagt man es diesen Brüdern, dass man des eigentlich überhaupt ned mag und dass sich das auch nicht gehört.

Doch der Münchner weiß sich zu helfen. Als ehemaliger Fußball-Schiedsrichter hat er immer noch zwei Karterl in seinem Geldbeutel. Eine gelbe und eine rote. Eigentlich mehr als Gaudi.

Aber heute kann er sie gebrauchen. Er zupft den temperamentvollsten der Gäste schlicht und einfach an der Hose, zeigt die Gelbe Karte und deutet sinngemäß aufs Hinsetzen.

Die Wirkung war kolossal. Mit einem „Sorry" und der Handbewegung eines Unschuldsengels saßen sie alle schön brav und prompt auf ihren Plätzen. Aber nicht lange. Dann trieb sie die Stimmung im Bierzelt und der Bierkonsum zu neuen Taten. Wobei einer der Sportkameraden, um dem ganzen Zelt zuzuprosten, gleich auf den Tisch stieg.

Worauf ihm der Münchner ohne Zögern die Rote Karte unter die Nase hielt. Wer jetzt denkt, es hätte zu einer größeren Diskussion kommen können, der hat sich getäuscht. Wortlos nahm der Missetäter seinen Maßkrug, ging damit außerhalb der Boxenverkleidung und fügte sich in seinen „Platzverweis". Ohne Murren, ohne Maulen oder gar Streit. Er war in der Tat noch ein wahrer Sportler.

Übrigens: Als die English-Boys nach der ihnen genehmigten Zeit die Plätze räumten und das Bierzelt verließen, kam der vom Platz Verwiesene extra nochmal zu dem Münchner, reichte ihm die Hand und wünschte ihm noch ein „Happy Oktouberfest".

Die Bedienung, die alles ein bisschen mit beobachtet hatte, meinte nur: „Sowas hab i aa no nia erlebt. I moan, i werd mir aa so a gelbe und a rote Karten zulegen." Und ein anderer Stammgast ergänzte: „Und dann no a Pfeiferl dazua."

Frage ist halt, ob es andere Gäste auch so verstehen. Und sich sportlich benehmen.

Im Schottenhamel-Zelt

Woundervoll

Streiten oder gar raufen, das sind halt die weniger schönen Seiten auf der Wiesn. Wobei jeder Wiesnwirt und auch jeder Wiesnkenner zugeben wird, dass „früher" eine Rauferei keineswegs harmlos, aber doch „schöner" war.

Sicher ist es, wenn gerauft worden ist, schon auch zu Körperverletzungen und Sachbeschädigungen gekommen. Wobei es jedoch einmal sogar zu einem direkt heiteren Ende kam. Es war die Zeit, als noch amerikanische Soldaten zu begeisterten und durchaus beliebten Wiesn-Besuchern gehörten. Die ziemlich schnell das „Prost" und die „Gemutlichkeit" beherrschten.

Doch zur Sache: Beim „Prost und O'stess'n" hatte so ein GI etwas zu viel Schwung drauf und so schwappte halt seiner Nachbarin, einer feschen Dirndldame, etwas Bier über den Rock. Worauf sich ein gegenüber sitzendes Manderl sofort aufregte, dass doch der „Kaugummifresser", wenn er nicht mit Bier umgehen könne, besser zu Hause bleiben solle. Worauf ihm spontan ein Bayer ins Wort fiel und meinte, dass auf der Wiesn und in einer derart netten Runde schon mal ein Tröpferl Bier daneben gehen darf. „Schließlich san mir ja da auf da Wiesn. Und wenn da wer des scheenste und teuerste G'wand o'ziagt, dann is er selber schuld, wenn so was passiert."

Kurzum: Im Nu war der ganze Tisch in zwei Lager gespalten und los ging's. Kräftig, saftig, sicht- und spürbar. Es wurde so schön, dass einige Wochen hinterher ein Gericht etliche Strafen, damals waren es noch Bußen an das Rote Kreuz oder eine sonstige Sozialeinrichtung, aussprach. Am Ende der Verhandlung wollte der amtierende Richter noch wissen, was denn eigentlich mit dem Urheber der Rauferei, jenem Amerikaner passiert und gewesen sei. Da sagte einer der leicht Verurteilten mit einem heiteren Grinsen. „Dem, Herr Richter, dem is gar nix passiert. Der is mit sei'm Maßkrug im Arm im Eck hint'n g'sess'n, hat zuag'schaut und grinst und bloß g'sagt: Woundervoll."

Das waren noch Zeiten.

Kollegin kommt gleich!

Ein richtiges Gedränge und Gewurl gibt es alljährlich in der Ratsboxe, wenn „o'zapft" werd. Und wenn man mit einer persönlichen Einladung den Zugang zum heiligsten aller Freibiere gefunden hat. Schon verständlich, dass da manchmal die unwichtigsten Figuren ihren großen Auftritt haben. Und nicht selten ebenso unwichtige Zeitgenossen überaus jovial einander über drei Tische hinweg sich zuprosten.

Als Frau Dr. Burkert zur Bürgermeisterin gewählt wurde, kam sie natürlich in einem feschen Dirndl auf die Rats-Empore. Wurde allseits freudig begrüßt und für sie war es schön wie immer. Als sie, auf dem Weg zu ihrem Tisch, ein perfekter Oberpreuße in zackiger Wiesnstimmung anspricht: „Hallo, fesche Maid. Bringen Sie mir doch mal och so een Maßl Wiesnbier."

Frau Dr. Burkert schaut dem forschen Besteller kurz ins Auge, stellt fest, dass er ihr völlig fremd ist, lächelt ihn nur verschmitzt an und sagt: „Kollegin kommt gleich."

Erst später wurde der wackere Südschwede darüber aufgeklärt, bei wem er da seine Wiesn-Maß bestellen wollte. Jetzt weiß er auch, dass nicht jede fesche Dirndlträgerin eine Wiesnbedienung ist.

Im Schützenzelt

Entweder Wiesn oder „Burli"

Der „Burli", ein Pony, war sein bester Freund. Und auch sein größtes Glück. Wenn es möglich gewesen wäre, er wäre sogar damit in die Schule geritten. Wie der Sheriff im Wilden Westen.

Als die Wiesnzeit nahte, gab's für den kleinen Edi gar keine Frage. Er reitet mit seinem „Burli" da hin. Doch es hieß kategorisch und ohne langes Überlegen: „Bloß dass des klar is. Entweder auf d'Wiesn, aber ohne Burli. Oder du bleibst dahoam." Was ohne langes Zögern den Verzicht auf die Wiesn zur Folge hatte. Dem „Burli" zuliebe.

Im nächsten Jahr wollte das kleine Dickköpferl nicht mehr auf die Wiesn verzichten. Auf den Wiesnzauber, die vielen Menschen, die unzähligen Lichter, auf ein Hendl, auf die süßen Sachen, die Kindereisenbahn, den Kettenflieger und was sonst noch alles geboten wurde. Später, als Junggastronom, wuchs bei ihm Jahr für Jahr der Wunsch und der Wille, einmal mit seinem „Burli" als Wiesnwirt einzureiten. Die höchste Ehre für einen Münchner Gastronomen zu erklimmen.

Der „Burli" lebt schon lange nicht mehr. Aber der Reinbold Edi, seine Frau Claudia und die zwei strammen Söhne, die kommen heute mit einer „Schäs'n", einer standesgemäßen Kutsche auf die Wiesn. Mit größeren Pferden vorne dran.

Und wenn der Boss in seinem Wiesn-Festzelt am Haustisch bei Stammgästen sitzt, kommen gern wieder solche Erinnerungen hoch. Denn auch seine Gäste könnten ganze Romane erzählen. „Ja-ja", meint da einer aus der Runde, „damals war's scho oft a harte Zeit. Aber schee war's immer. Und mir waren damals aa mit dem, was ma g'habt ham, z'frieden." Was ja wirklich stimmt.

Und wenn die Jugend von heute auch so manches nicht mehr nachvollziehen kann, es gibt zu jeder Zeit Ereignisse und Erlebnisse, die, irgendwann einmal, in die Kategorie „Ja – wenn i da dro' denk" eingereiht werden.

Schützenleid ...

Für den Heiner aus dem Frankenlande war das Scheibenschießen auf dem Oktoberfest eigentlich mehr Nebensache. Denn seine Treffkünste waren nicht unbedingt die eines Meisterschützen. Er war auch daheim im Schützenverein kein großes Ass. Und ebenso wenig ein „G'wappelter", der die „Nebenkosten" eines Schützenkönigs hätte aufbringen können.

Doch in diesem Jahr wurde er, kaum zu glauben, ausgerechnet er wurde Schützenkönig. Sicher hat er sich darüber riesig gefreut und auch entsprechend gefeiert. Doch die Schlussbilanz war leider sehr ernüchternd. Er, der an diesem Glückstag mehr Wiesnbier schluckte, als er vertragen konnte, war auf der Heimreise im Bus total groggy und konnte sich an gar nichts mehr erinnern. Zum Glück hatte ihm ein Vereinskamerad, ein durchaus gut betuchter Geschäftsmann, alle angefallenen Spesen und nicht vorgesehenen Ausgaben ausgelegt und vorgestreckt.

Wieder daheim, konnte das „Heinerle" es noch nicht glauben, dass ausgerechnet ER der Schützenkönig geworden ist. Und das noch dazu beim Schießen auf der Wiesn. Als man ihm ein paar Tage später ein Foto und einen Kurzbericht aus der Zeitung auf den Tisch legte, war er dann doch stolz. Lediglich seine Mutter meinte zu all dem: „Oh mei', mei Heinerle, was hast denn da wieder g'macht? Sonst triffst doch immer so schlecht. Was hast denn ausgerechnet an dem Tag für a Dummheit g'macht?"

Da drauf konnte er so viel wie gar nichts sagen. Er wusste es nämlich selber nicht.

... und Schützenfreud

Ganz anders hingegen spielte sich das Meisterschaftsschießen für den Simmerl aus Niederbayern ab. Jetzt muss man wissen, dass seinem Vater ein paar saure Wiesen als Baugrund ausgewiesen wurden, und der Simmerl seither mehr Geldscheine zur Verfügung hatte als gut für ihn war.

Logisch, dass der Simmerl nicht nur ein teures, schickes Sportauto fuhr, auch in Punkto Kleidung war er plötzlich ein „Gent", wenn's ums Angeben und Ausgehen ging, war er weitum der „King" und nur die feschesten „Hasen" konnten seine Aufmerksamkeit erregen. Natürlich war er auch im Schützenverein, hatte das teuerste und „zielsicherste" Gewehr und schoss halt so lange und intensiv, dass er zwangsläufig schon wegen der Finanzspritze in die Vereinskasse der Schützenkönig wurde. Wenn seine Eltern mit diesem neuen Lebenswandel nicht einverstanden waren, dann meinte er nur: „Des müaßt's doch versteh. Ma lebt bloß oamoi. Und i leb jetzt."

Beim Meisterschaftsschießen auf der Wiesn hingegen, da lief's etwas anders als sonst. Es hatte wohl seine Meisterflinte einen schiefen Lauf oder Kimme und Korn waren total verschoben. Er traf soviel wie gar nichts. War natürlich stocksauer. Weil er diese Misere nicht gewohnt war.

Doch dann tauchte am Schießstand die Jenny, eine seiner Freizeitgespielinnen aus dem Nachbarort auf. Flott und kess wie immer, rückte sie ihm mehr, als ihm im Moment angenehm war, auf die Pelle. Und auf seine Frage hin: „Was willst denn jetzt da? Siehgst doch, dass i grad schiaß", sagte sie mit sanftem Augenaufschlag nur: „I möcht dir bloß sagen, dass'd ned traurig sei' muaßt, wennst da heit nix triffst. G'frei di über dein' Goldenen Schuss, den'st bei mir g'land't hast. Am Freitag war i beim Doktor. Positiv. Weidmannsheil."

Bis der Simmerl seinen offenen Mund wieder zu brachte, war die Jenny schon wieder draußen. Ein paar Minuten lang war er ganz ruhig. Oder mehr als ruhig. Dann packte er seinen Schießprügel ein, ging, ohne sich von seinen Vereinskameraden zu verabschieden, hinüber ins Bierzelt, bestellte sich eine Maß und schaute vorerst nur den Schaum an. Dass er auf diese Art und Weise zum „Schützenkönig" wurde, alles, bloß das hat er nicht erwartet.

Auch bei der zweiten Maß sah er weder das Treiben um ihn herum noch die Tischgesellschaft und auch keine „Hasen", wie dies sonst immer der Fall war.

Ohne es zu wollen, sah er im Geiste anstelle seines PS-starken Sportwagens einen Kinderwagen. In Sportausführung. Was sonst.

Im Weinzelt

Eine Wiesnmaß auf Schleichwegen

Dass für Prominenz oft Unmögliches möglich gemacht wird, ist an und für sich nichts Besonderes.

Und für einen Arnie Schwarzenegger ist eine Wiesnmaß auf der Wiesn doch eine Selbstverständlichkeit. Nicht aber im Weinzelt. Denn da gibt's kein Wiesnbier. Also, was tun?

Doch ganz einfach. Kurzerhand schickt man den nächstbesten freien Mann ins gegenüberliegende Löwenbräuzelt zum Wiggerl Hagn und besorgt eben eine frische Wiesnmaß.

Doch schon das Reinkommen ins Zelt war das erste Problem. „Wegen Überfüllung geschlossen." Doch irgendein Hintertürl ließ sich finden. Nahm der nächsten Bedienung eine volle Maß ab und wollte damit hurtig zurück ins Weinzelt. Wollte. Denn zuerst verwehrte man ihm mit dem gefüllten Maßkrug den Ausgang. Als nach einigem Hin und Her diese Hürde überwunden war, war das Weinzelt rundum verriegelt. „Wegen Überfüllung" und so.

Die Erklärung, dass er diese Wiesnmaß für den Arnold Schwarzenegger ins Weinzelt bringen müsse, löste beim Wachmann an der Tür fast einen Lachkrampf aus. Es half nichts. Erst ein anderer „Door-Sheriff" wollte eine weitere rigorose Ablehnung nicht auf seine Kappe nehmen. So kam die Wiesnmaß beim „Arnie" endlich an. Die er sich auch sichtbar schmecken ließ.

Eigentlich dürfte man sowas ja gar nicht erwähnen. Aber wenn die Hohen Herren vom Weinzelt schlau sind, haben sie künftighin für ähnliche „Notfälle" neben einem Maßkrug auch ein paar Flascherl Wiesnbier im Kühlschrank.

Ach so, im Weinzelt ist laut Wiesnordnung nur der Ausschank von Weißbier, nicht aber von Wiesnbier gestattet.

Jedem das seine

„Also, wir sind dann im Weinzelt. Irgendwo in der Mitten. Du find'st uns scho", sagte die Inge daheim noch zu ihrem Franz. Denn seit Jahren geht sie mit ihren ehemaligen Kolleginnen nach einem kurzen Wiesnbummel ins Weinzelt. Weil's einfach schön und gut ist. Vor allem hat immer jede von der Damenriege irgendeine Bekannte aus alten Zeiten getroffen. Und grad wichtig haben sie's. Einen schönen Platz, einen guten Schoppen Wein und auch ein Schmankerl, das gehörte einfach zu diesem Wiesnbesuch.

Dann kam der Franz. Begrüßte die Damen und gab zu wissen, dass er jetzt einen schönen Durscht auf eine Wiesnmaß hätte. „Ich kann ihnen nur Weißbier bieten", meinte der Kellner und wartete auf die Bestellung. „Ja, i hab g'moant, i bin da auf der Wiesn. I möcht a schöne Wiesnmaß."

Er hatte wirklich vergessen, dass er ja im Weinzelt war. Woraufhin er kurzerhand den Damen noch einen schönen Nachmittag und Abend wünschte und sich in Richtung Ausgang davon trollte.

„Ja-ja", sagte die Inge bloß, „des is a Kreiz mit de Mannsbilder. Wenn sich de was einbilden. Da konnst hoid nix macha." Aber ihre Freundinnen meinten einstimmig: „Wenn er hoid a anders Bier möcht. Und außerdem is er auf unser G'sellschaft g'wiss ned scharf." Womit sie absolut richtig lagen.

Der Franz hatte das nächste Festzelt schnell erreicht. Wusste auch genau, wo er ein paar Spezl vom Gartenverein finden würde. Und genoss mit diesen sein flüssiges Brot.

Als am nächsten Morgen beim Frühstück die Inge meinte: „Woaßt, a bisserl hätt'st scho sitzen bleiben können bei uns. Des hätt' die andern alle recht g'freit", da hat er nur erwidert: „Geh, was tät denn i alloa bei eich Weiberleit. Ihr habt's doch a'n Haufen anders Zeig's zum redn. Des is nix für mi."

Seine Meinung war immer schon: „Jedem das seine."

Im Winzerer Fahndl

Prominenz auf der Wiesn

Wer und was sich als prominent fühlt und betrachtet, das entscheiden allzu gerne diese Herrschaften selber. Aber auch die allgegenwärtigen Medien lassen oftmals keinen Zweifel daran aufkommen, dass schwachbrüstige Heulbojen, vollbusige Zufallsprodukte oder selbstgestrickte „Stars" unbedingt den nicht selten tristen Alltag „erleuchten" müssen.

Wogegen zum Beispiel ein Ministerpräsident, ein Bundesminister oder gar der Bundeskanzler schon zur Prominenz gezählt werden darf. Und das erst recht auf der Wiesn.

Jedenfalls hat der Franz Josef Strauß neben einer riesigen Aufmerksamkeit immer seine geliebte „bayerische Vorspeis", das waren ein Radi oder ein paar Radieserl, zwei Regensburger und so was Ähnliches bekommen. Und neben einem saftigen Fleischbröckerl mit entsprechendem Zubehör konnte auch ein Wiesnhendl seine Begeisterung wecken.

Und damit ja alles immer schnell an den Tisch kommt, kann es schon passieren, dass eine zusätzliche Bedienung mit einem extra „Zubringerdienst" aushilft. Als die die Kollegin das von Herrn Strauß gewünschte Hendl entgegenbringt, sagt sie deutlich hörbar: „Franzi, schaug. Des is a'm Strauß sei Vogel. Da."

Während die Franzi bis über beide Ohren errötet, schaut sie der Promi-Gast nur an, lächelt über seine schönen Backen und sagt: „No her damit, da g'frei i mi jetzt drauf. Der Vogel da, der fliagt nimmer weit." So reagiert halt ein echter Münchner auf der Wiesn.

Ganz anders läuft es da ab, wenn man Kohl heißt und Bundeskanzler ist. Schon im Vorfeld Rück- und Absprachen nach allen Richtungen. Was wünscht der Herr Bundeskanzler? Eine

Kalbshaxe. Kriegt er natürlich. Und was noch, bitte? Saure Zipfel liebt der Herr. Auch kein Problem. Wieviel davon? Für fast zwei Meter Körpergröße halt. Auf jeden Fall sind genügend im Sud.

Dann ist er da, höchstpersönlich. Gut abgeschirmt, aber huldvoll und jovial. Wie immer.

Dann kommt die Kalbshaxe. Ein Prachtexemplar. Kunststück. Aber eigentlich möchte er ja viel lieber eine Schweinshaxe. Wie bitte? Ja, eine schöne resche Schweinshaxe. „Entschuldigung, Verzeihung, die Schweinshaxe kommt sofort. Aber von der Kalbshaxe sollten Sie schon ein Stückerl wenigstens probieren." Es wird ein größeres „Probiererl". Schmeckt ja auch zu herrlich.

Dann kommt die Schweinshaxe. Außen resch und innen zart.

Die dem meist schwer strapazierten Herrn so gut schmeckt, daß ein Münchner Dackel garantiert boshaft dreinschauen würde. Weil nämlich kein Fuserl Fleisch mehr am Knochen dran ist.

„Ja, und die sauren Zipfel?" wird höflich bei einem Protokoll-Häuptling nachgefragt. „Ja sicher, auf die freut sich Herrn Bundeskanzler schon ganz besonders." Auch nicht schlecht. Und eine Bedienung sagt zu ihrer Kollegin ziemlich respektlos hinter vorgehaltener Hand: „Hoffentlich werd's eahm auf des oiss ned schlecht." Aber ein echter Bundeskanzler verträgt eben nicht nur die Kritik seines Volkes oder der Opposition, er verträgt offensichtlich auch ein paar handfeste Mahlzeiten. Sicher bekommen derartige Kapazitäten immer und allerorts ihre Lieblingsgerichte und Schmankerl. Die nächste Wiesn jedoch ist erst wieder in einem Jahr.

Wiesnwirt als Azubi

Wenn es im Volksmund zwischendurch mal etwas boshaft heißt: „Wer nix wird, wird Wirt", so mag das möglicherweise in ganz speziellen Fällen zutreffen. Nicht aber bei Wiesn-Wirten. Denn Wiesn-Festwirt wird man nicht so einfach.

Selbst bei Familien- und Traditions-Festzeltwirten wird die Jugend so nach und nach in alle Notwendigkeiten und Aufgaben eines solchen Mammut-Betriebes eingeführt. Denn es gibt in der Tat mehr zu tun und zu können, als nur durch die Tischreihen zu spazieren und höflich „Grüß Gott" zu sagen.

Und wenn jemand wie der Pongratz Peter schon längst einige Gaststätten und seit Jahren eine Großgaststätte wie den Nockherberg als Wirt betreibt, ein Wiesn-Festzelt zu übernehmen, das ist nicht irgendwas. Das ist ein Lebenstraum.

Oh, heiliger Salvator, was da alles los ist. Der Peter hatte da äußerst gute und nahezu familiäre Hilfe. Den Willi und die

Helga Kreitmair. Um es kurz zum machen: „Woaßt was", sagten die beiden zum Peter und seiner Frau Arabella, „ihr zwoa kemmt's ganz einfach im nächsten Jahr so quasi als Azubis zu uns, und später kenna mir eich immer no helfa, wenn's uns braucht's." Gesagt, getan.

Und so dürfte es wohl das erste Wiesn-Festzelt-Wirtepaar sein, das als Azubis von der Aufbauplanung, von der Personaldisposition über die Warenbestellung bis hin zur Schlussabrechnung eine komplette Wiesn als „Lehrzeit" durchgemacht hat.

Halt, bald hätt ich's vergessen: Nach erfolgreich bestandener „Prüfung" haben die beiden natürlich je einen „Gesellenbrief" erhalten. Mit allem Pipapo, wie sich's gehört.

Und wenn's einmal gar zu dick hergeht, oder eine bisher noch nie dagewesene Situation eintritt, dann heißt's einfach Nerven und Ruhe bewahren. Und notfalls bei der Helga oder beim Willi anfragen.

Denn auch eine Wiesn ist wie das Leben selber. Meistens ist's nach einer gewissen Zeit immer dasselbe, aber zwischendurch oder plötzlich mal wieder ganz anders. Auf keinen Fall langweilig.

Und lernen, das kann man, wenn man will, wirklich ein ganzes Leben lang. Auch als Wiesnwirt.

Der (beinah) verhinderte Fernsehstar

Seit Jahren schon nutzt der Kurt aus dem österreichischen Linz seine Überstunden und sogar einige Urlaubstage als Hendlbrater auf der Wiesn. Erstens gibt es zusätzliche Kohle und zweitens ist das halt ein ganz anderes Leben als in seiner üblichen Arbeit. Da rührt sich was. Und nicht zuletzt kommt ja auch noch das Leben in der Münchner Stadt dazu.

Wenn er auch schon nach drei Tagen am heißen Grill kein

Hendl mehr sehen möchte, das von ihm einmal geprägte Sprücherl gilt immer noch. „Hörst, wo hat ma so vui nackerte Henna als wia auf der Münchner Wiesn. Wann des nix is." Dabei grinst er und wischt sich den Schweiß von der Stirn.

Der Kurt war aber nicht nur fleißig, er war auch eitel. Und fest davon überzeugt, dass das immer wieder auftauchende Fernsehen bestimmt einen Hendlbrater in Aktion auf den Film bannen und ihn dann der Öffentlichkeit präsentieren werde.

Er hat sogar einmal die Chefin, die Kreitmair Helga, daraufhin angesprochen, ob denn „da ned was zu machen wär." Einen wie ihn, einen Hendlbrater aus Linz, das wär doch was Besonderes.

Und irgendwann, da kam der Kurt besonders geschniegelt daher. Brachte seinen Arbeitsbereich mit noch mehr Akribie als gewöhnlich in Schwung, und für seine sonst üblichen Flaxereien mit den Kollegen und Kolleginnen hatte er weder Zeit noch Interesse. Er hatte nur Augen für die am Grill sich drehende Hendlparade. Und alle zehn Minuten blickte er auf seine Uhr. Über zwei Stunden lang ging das so. Bis ihn der Küchenchef dann doch ansprach: „Sag amoi, was hast denn heit? Was is denn los mit dir? So kenn i di ja gar ned."

Da machte der Kurt eine kleine Pause und erklärte mit bedeutungsvoller Miene: „Ja, wissen Sie des denn ned? Heit kimmt doch's Fernsehen. De möchten a'n Bericht über a'n Hendlbrater, über mi' macha." Worauf ihn der Herr über alle Herde, Töpfe und Schöpflöffel fragte: „Wer hat denn des g'sagt? Und wann soll des passiern?" Der Kurt war mehr als überrascht. „Ja, de andern, vor allem der Simmerl, der hat mi extra no d'rauf hi'gwiesen, dass de heit kemma."

Der Küchenchef schaute zum Simmerl, der jedoch steckte seine Bosheitsbirne scheinheilig in den größten aller Suppentöpfe. Aha, der Simmerl hat das also zum Kurt gesagt.

Dass der Kurt seinen Kollegen schlicht und einfach einen

ganz „hundsheitern Schlawiner" nannte, trug aber eher zur allgemeinen Belustigung bei als zum Mitleid mit dem verhinderten Fernsehstar.

Als aber doch wieder mal ein Fernsehteam einige Aufnahmen in der Küche machte, wurde dieses von der Chefin auch an die Hendlstation und zum Kurt geführt. Der zwar, wie er beteuerte, wegen der dort herrschenden Hitze überhaupt nicht fotogen sei. Aber mit berechtigten Stolz konnte er nach der Ausstrahlung zu seinen Kollegen sagen: „Habt's mi g'sehng im Fernsehen? Der Hendlbrater Kurt aus Linz auf dem Münchner Oktoberfest. Herr der tausend Hühner."

Er wollte noch weitermachen mit seinen eigenen Lobpreisungen. Doch der Küchenchef machte dem ein Ende. „Kumm, jetzt halt koane Volksreden. Schau, dass du deine Weißbrüstigen in den Grill neibringst." Und sogar der Simmerl wollte noch seinen Senf dazu geben.

Aber da kam gerade der Chef, der Willi Kreitmair, in die Küche. Sah sich, nach dem üblichen „Guad Morg'n, bei'nand", ein wenig um und wünschte allen „a'n scheena Tag." Vor dem Weggehen blieb er noch beim Kurt stehen und meinte nur: „Guad hat's aus'g'schaugt, wia s'Fernsehen da war. Schee san's drauf, deine Hendl." Wie er, der Kurt als Hauptperson, auf dem Bildschirm war, davon hat er nichts erwähnt. Aber schließlich werden ja die Hendl angeboten und verspeist. Nicht der Hendlbrater.

PS: Den Mitschnitt seines Fernsehauftrittes wird er sich, nach der Wiesn wieder zu Hause in Linz, garantiert noch viele Male anschauen. Und logischerweise damit auch die ganze Verwandtschaft bis zum „Geht se nimmer" damit beglücken.

Beim Ammer

„Des da, des war nia und nimmer des Hendl, des i dir zum Braten geb'n hab. Des meine, des war ja vui scheener und größer", polterte der Privatier und Hausbesitzer Zachl. „Und a's Trinkgeld, des konnst dir auf'n Huat nauf stecka."

So grob waren zuweilen die Sitten, als es noch die „Hendl-Lohnbraterei" gegeben hat. Aber das ist schon lang her. Dass man ein frisch gerupftes Federvieh beim Brater abgegeben und es nach einer Weile, frisch gebraten, wieder abgeholt hat. Und wenn jemand vorweg schon ein passables Trinkgeld springen lassen hat, dann hat's schon sein können, dass so ein Hendl rein zufällig und total unabsichtlich „verwechselt" wurde.

Das war wohl auch der Grund, warum dann die Hendl, wie im Theater die Garderobe, mit nummerierten Blechmarkerln gekennzeichnet wurden. Wobei der Blasi, ein ausgefuchster Hendl-Brater-Spezialist, schnell und unsichtbar wie ein Zauberer schon auch mal so einen Blechanhänger austauschen konnte. Aber wie gesagt, das war einmal. In der „guaden oiden Zeit".

Heutzutage ist es so:

Mit „oiss klar dann. Donnerstag um Sechse", beendet der Stempflinger Sepp das Telefonat mit dem Hans. Als dieser fragt „wo?" kommt es klipp und klar: „Ja, beim Ammer, wo sonst. Du woaßt doch, i mag a scheene Ant'n.". Ach ja, der Sepp ist ein Enten-Fan. Und keine Frage, dass er dort auch heuer wieder seine Lieblingsspeise aufgetischt bekommt.

Während er am schönsten Schmausen ist, sagt er genüsslich: „Konnst sag'n, was'd magst. A so a Wiesn-Schmankerl wia des da, des is scho was B'sonders."

Was wirklich B'sonders hat auch der 6-jährige Florian am Nachbartisch, der erstmals mit seinen Eltern, dem Onkel Herbert und der Tante Sigrid auf die Wiesn und zum Ammer mit durfte.

Wenn's daheim ein Hendl gibt, da kriegt er immer ein Haxl und die Flügerl. Heute aber schaut's ganz anders aus. Da bekommt er, weil's der Papa vorher arrangiert hat, selber ein halbes Hendl mit vier Haxln. Da staunt er. Und der Onkel Herbert erklärt ihm, dass es auf der Wiesn, aber nur auf der Wiesn, Hendl mit vier und manchmal sogar mit fünf (!) Haxln gibt. Der Florian glaubt dies natürlich auf keinen Fall. Und hat auch schon entdeckt, dass es dann aber auch Hendl geben muß, die überhaupt keine Haxln haben. „Ja, da hast recht", wird er wiederum aufgeklärt, „solche gibt's aa bloß auf der Wiesn. Sonst nirgends."

Der Enten-Sepp von nebenan schleckt und wischt sich noch die Finger ab und ruft die Bedienung zum Zahlen. Bis die kommt, nimmt er noch einen kräftigen Schluck aus seinem Maßkrug und meint: „Sodala, guad war's. Jetzt gib i wieder a Ruah." Worauf seine Frau ergänzt: „Ja, höchstens a Stund lang. Bis mir vor'm nächsten Bierzelt san." Sie kennt ihren Wiesngeher nur zu genau.

Dann werfen sie beim Weggehen noch einen wohlwollenden Blick auf die Spieße mit den sich drehenden Hendln.

Halt, bald hätte ich drauf vergessen. Der kleine Florian, der hatte am nächsten Tag für seine Schulspezl eine tierische Neuheit. Nämlich „a Hendl mit vier Haxl!" Wenn auch seine Freunde von „so was gibt's ja gar ned" bis hoch erstaunt waren, er konnte es beschwören, ein Hendl mit vier Haxln auf dem Teller gehabt zu haben.

Doch, wie schon erwähnt: Solche gibt's nur auf der Wiesn. Sonst nirgendwo.

Beim Haxn-Brater

Eine schöne resche Schweinshaxe, die kennt man. Die mag man. Und die genießt man. Natürlich auch auf der Wiesn. Klar, dass nicht nur Münchner und Bayern, sondern auch der Rest der Welt, von Berlin bis Australien, „so'n leckeres Ding" verspeist.

Sitzen da mal ein paar Japaner, die ja alles „plobielen" wollen, und wissen nicht recht, wie sie dieser für sie fremden kulinarischen Köstlichkeit zu Leibe rücken sollen. Doch zum Glück sitzen an den andern Tischen Kenner und meist königlich bayrisch geprüfte Brotzeitmacher, die in anschaulicher Weise aufzeigen, wie so eine Schweinshaxn fachgerecht zerlegt und gegessen wird. Nachdem es ihnen gelungen ist, ebenfalls ans saftige Fleisch zu kommen, auch ein Stückerl von der reschen Schwarte zerbissen haben, nicken sie artig mit dem Kopf, zeigen ihr freundlichstes Lächeln, nicken nochmals und sagen: „Schmecken gut!" Wer sagt's denn – passt doch !

Etwas anderes ist eine Schweinshaxn für Italiener. Wenn die den ganzen Tag über nur den Maßkrug in der Hand hatten, bekommen sie kurz vor Wiesnschluss noch Hunger. „Che bella", rufen sie beim Anblick der Haxn-Spieße und zuerst wird mal eine, ein Stück „Porco" bestellt. Von dem dann jeder einmal abbeißen darf. Mit „Brava, buonissimo" liegt die zweite auf dem Teller. Dann kommt der Ricardo auf die Idee, noch zwei Stück mitzunehmen. Als Frühstück auf dem Caravan-Parkplatz. Eine davon bekommt der Manfredo als „Wiesn-Mitbringsel".

Denn so eine Haxn ist auch kalt ein absoluter Genuss.

Beim Bodo

Einmal abgesehen von den Kampftrinkern und sonstigen Schluckspechten gehört für jeden Wiesnkenner zu einem Wiesnbesuch schon auch mal ein schönes Haferl Kaffee, ein Stückerl Kuchen oder beim „Bodo" einer (oder zwei) seiner bekannten und beliebten Krapfen. Mit Himbeergeist oder mit Kirschwasser.

Kommt doch nach reichlichem Biergenuss und auf etwas wackligen Beinen so ein Trachtenlenz, landet glücklich auf einem Stuhl, blinzelt die Bedienung an und erklärt: „Oiso, Deandl, jetzt hab i vier Maß Bier g'habt. Des g'langt für heit. Und jetzt brauch i was Süaß's. So was Süaß's, wia du bist."

Doch das Mädel kennt derlei Pappenheimer und fragt nur: „Einen Kaffee und vielleicht einen Krapfen? Mit Kirschwasser?" Bei dem Wort „Kirschwasser hebt der Gast das schwere Köpferl und sagt nur: „Jawoll. Des bringst mir."

Dann begutachtet er rundum die anderen Gäste, und als das Bestellte kommt, schaut er nur. Wartet eine Weile und winkt die Bedienung herbei. „Ja, sag amoi, wo is denn da des Kirschwasser? Auf den Kaffä und auf den Krapfa bin i ja gar ned so scharf. I brauch eigentlich bloß des Kirschwasser."

Als ihm erklärt wird, dass das Kirschwasser ja im Krapfen drin ist, beäugt er diesen von allen Seiten. rupft ihn mittlings auf und riecht recht ungläubig daran. Dann reklamiert er: „A so ham mir ned g'wett. I wollt doch a'n Krapfen mit Kirschwasser."

Um es kurz zu machen: Der Müller Bodo, Konditor und Menschenkenner, bringt dem Gast ein extra Kirschwasserl und wird dafür auch extra belohnt. „Des is jetzt a Sach'. Und jetzt is aa der Kaffä und der Krapfa genau des Richtige."

Nach dem Zahlen geht er vorne noch an die Theke und läßt sich drei weitere Krapfen zum Mitnehmen einpackeln. „Aber desmal solche mit Birnschnaps", betont er noch, „weil a'n solchern hab i dahoam. Dann passt's wieder."

Und mit einem heiteren „Servus bei'nand" verschwindet er in der Menge.

Scheene Madln

Es gibt ja Leute, die tagtäglich auf der Wiesn sind. Nicht aus Gaudi, sondern weil sie dort tätig sind. Die die Wiesn von hinten bis vorne kennen. Und natürlich auch die meisten Besitzer von Fahrgeschäften, die Wiesnwirte sowieso, die Standlbesitzer und nicht selten auch ein ganzes Regiment von Bedienungen oder sonstwie auf der Wiesn Beschäftigten und Diensthabenden. Einer davon ist der Meister Heini, langjähriger Abteilungsleiter in der Wiesn-Verwaltung.

Dass er während seiner Dienstzeit schon auch mal eine anständige Brotzeit und auch eine Wiesnmaß genoss, versteht sich von selbst. Aber zur rechten Zeit war ihm ein Kaffee fast lieber. Noch dazu, wenn er da von netten, feschen Mädeln bedient wurde. Und zwischendurch leistete ihm auch der Chef des Hauses, der Bodo, ein bisserl Gesellschaft.

Sprach da der Heini eines Tages: „Du, sag amoi, dass du jedsmal gar so nette und fesche Bedienungen hast. Oane scheener wia die ander."

Da betrachtete der Gefragte mit sichtbarem Stolz sein Service-Geschwader, grinste und erklärte kurz und bündig: „I hab doch a Café und koa Geisterbahn."

Aha, das also ist der Unterschied.

Wenn's wirklich drauf ankommt, dann muss man bloß flexibel sein. Wie der Stöckl Willi. Der, wenn's drauf ankam, sogar drei- oder viermal im Jahr Geburtstag hatte. Warum auch nicht.

Die fünf wichtigsten Grundregeln
über den Umgang mit Wiesn-Bier

Wiesn-Bier ist ja an und für sich ein edler Saft. Für den Genuss von Wiesn-Bier jedoch sollte ein Wiesn-Besucher die fünf wichtigsten Grundregeln kennen und beherzigen.

1. Die Vorfreude und der Durst:

Beides ist gleichermaßen wichtig. Die Vorfreude stellt sich meist von selbst schon bei den Hauptbegriffen „WIESN" und „BIERZELT" ein. Für die Herstellung von Durst gibt es verschiedene Tätigkeiten (wie z.B. Arbeit), von denen im allgemeinen jedoch abgeraten wird. Besser geeignet dafür sind ein richtigesWiesn-Wetter oder eine von Natur aus angenehm durstige Seele.

Am besten allerdings ist (und war immer schon) die Einladung zu einem Freibier.

2. Die Bierbestellung:

Wiesn-Wirte und Bedienungen schätzen hungrige sowie durstige Gäste und sind folglich ernsthaft daran interessiert, dass niemand über Gebühr auf Speis und Trank warten muss. Bedenken Sie aber, dass eine Bedienung kein Tausendfüßler und ohne Rollschuhe auf die Welt gekommen ist. Normalerweise genügt die höflich vorgetragene Äußerung „Bittschön, i hätt gern a (eine) Maß Bier."

Für die Folgebestellung genügt „Ja, no oane." Die meisten Bedienungen bringen nämlich automatisch und regelmäßig dieses Henkelfutter an die Tische. Auch können Sie mit einfachem Kopfnicken, Daumen-Hochhalten oder dem Eselsruf „i aa" (Ich auch) ihre weitere(n) Maß(en) erhalten.

3. Zum Trinken selber:

Oben auf jeder Maß ist der Schaum. Auch „Krone" genannt. Manche Schankkellner (im Volksmund Banzenbarone genannt), schaffen es, königliche Kronen in die Krüge zu platzieren. Zu üppiger Schaum läßt sich mit einem kräftigen „Blaserer" leicht entfernen. Sollten Sie dabei Ihr Gegenüber einschäumen, sagen Sie vorsorglich leicht lächelnd „Hoppla". Das genügt in der Regel. Fortgeschrittene können auch mit einem „Öha" denselben Effekt erzielen. Im umgekehrten Fall pusten Sie ruhig zurück. Dazu empfiehlt sich ein herzhaft joviales „Prost bei'nand". Anfängern ist es gestattet, den Maßkrug mit beiden Händen an den Mund zu führen.

Bei Erklingen der Wiesn-Wirte-Hymne („Ein Prosit der Gemütlichkeit") halten Sie ehrfurchtsvoll Ihren Maßkrug in die Höhe und singen kräftig mit. Sollten Sie gerade ein Stück Brezn, ein Radieserl oder ein Schweinsbraten-Krusterl im Munde haben, dürfen Sie bis zur nächsten „Prost"-Runde aussetzen. Trinken aus Nachbarkrügen ist grundsätzlich verpönt und nicht empfehlenswert.

4. Zu den Tischmanieren:

Am Tisch eines leibhaftigen gebürtigen Münchners Platz zu finden, ist ein Glücksfall. Aber nicht unmöglich. Hier lernen Sie am leichtesten durch einfaches Zuschauen. Zeitweiliges oder beharrliches Schweigen eines Münchners ist kein Zeichen von Ignoranz Ihrer Person. Dies ist lediglich die Urform von Ruhe und stillem Genuss.

Sicher werden Sie bei angepasstem Verhalten in die Tischrunde aufgenommen. Dies sollte aber kein Anlass sein, Ihren Tischpartner einen echten „bayerischen Seppl" oder dessen Ehefrau ein „olles, tolles Huhn" zu nennen. Dies könnte Ihrer mühsam aufgebauten Beziehung raschen Abbruch tun.

5. Die Nachwehen:

Keine Angst, Wiesn-Bier führt nur bei unbedachter Handhabung und unmäßigem Einlitern zu erhöhtem Blasendruck, gestörtem Orientierungssinn, plötzlichem Schlafdrang und nachlassendem Interesse an einer frisch gewonnenen Maßkrug-Freundschaft. Liebevoll und mit Bedacht genossen, ist Wiesn-Bier die beste und rundum beglückende Einführung in die Münchner Oktoberfest-Lebensart.

Deshalb zum Schluss:

Egal, wann und wo immer Sie ein Wiesn-Bier bekommen, greifen Sie zu und genießen Sie es! Es gibt viele wichtige Dinge im Leben. Eines davon ist zweifelsohne eine schöne, gut eing'schenkte, frisch schäumende Wiesn-Maß.

Alsdann, die Krüge hoch … und PROST!

Ohne Worte (Bierpreisentwicklung)

1949 - 1958	± 1,70
1962	± 1,90
1967	± 2,20
1970	± 2,65
1975	3,50 – 3,75
1980	4,80 – 4,90
1985	5,90 – 6,30
1990	6,99 – 7,55
1995	9,50 – 10,40
2000	11,20 – 12,60
2001	11,71 – 12,80

Dann kam der EURO

2002	± 6,70
2003	± 6,90
2204	± 7,05
2005	± 7,25
2006	± 7,45
2007	aa wieder mehr±
2010	vui mehr !!

.... doch dann gibt's immer noch 2 Lösungen:

1.) FREIBIER   oder 2.) MINI-EIGENBRAU

Arbeitszeit pro Maß

Genauer gesagt und gefragt: Wie lange musste oder muss man arbeiten, um sich das wichtigste aller Grundnahrungsmittel, nämlich eine Maß Bier leisten zu können?

(Alle Zahlen ohne Gewähr für allgemeine Gültigkeit)

Jahr	Bierpreis	Stundenlohn	Arb-Min.
1950	1,70 DM	1,24	82,3
1960	1,90	2,49	45,8
1970	2,65	5,85	27,2
1980	4,85	11,48	25,3
1992	8,50	21,90	23,3
1999	11,25	27,89	24,2
2000	11,90	27,54	25,9
2001	6,26 EURO	14,33	26,2
2203	6,55	15,14	26,0
2004	6,92	15,30	27,2
2005	7,10	15,30	27,8
2006	7,32	15,45	28,4
2007	etwas mehr	viel weniger	????
2010	noch mehr	unbekannt	traurig

Nicht mit einbezogen sind hier a) Großverdiener, General-manager, Doppel- und Dreifachgehaltsbezieher, reine Spesen-schmatzer sowie b) gänzlich Arbeits- und Obdachlose, Hartz-IV-Empfänger und sonstige arme Teufel.

Bei beiden Kategorien wäre dann unter Arbeitszeitaufwand 0,00 – 0,05 Minuten anzusetzen.

D'Wiesn münchnerisch

Da gibt es ein Couplet mit dem Titel „Auf d'Wiesn geht a Münchner" und dabei werden schon einige Seitenhiebe auf Dinge ausgeteilt, was einem Münchner halt nicht ganz so passt und gefällt. Wie gesagt, es ist ein Couplet.

Wenn ein Münchner auf die Wiesn geht, dann gelten da seit eh und je – und auch heute noch – immer ein paar Grundregeln. Ob mit Familie, mit Freunden oder auch mal alleine, ein Wiesnbesuch beginnt nicht gleich im Bierzelt.

Da muss man doch erst einmal ein bisserl die Wiesnluft schnuppern, die Bavaria begrüßen, die Leut visitiern, in einem ersten Rundblick nachschauen, ob auch noch „oiss da is". Die Frau Walli mit ihrem Brotzeit-Standl, die Breznfrau vom Nachbarhaus, dem Schober Alois sein Schwager mit dem Souvenir-Stand. Denn ein Münchner rennt auch nicht so einfach durch die Menschenmenge. Er lässt sich Zeit, sieht dieses und jenes, freut sich über nette junge Wiesnbesucher, empört sich über die seiner Meinung nach ewig Halb- und ganz Narrischen und registriert sowohl die schönen alten nostalgischen Buden und Fahrgeschäfte ebenso wie die neuen und allerneuesten Attraktionen.

Dann aber geht's ins Bierzelt, in dem er ein Platzerl hat oder findet, und jetzt beginnt der wahre Wiesn-Genuss. Eine frische Wiesn-Maß, was zu essen, womöglich noch eine nette Tischgesellschaft, was will der Mensch denn da noch mehr.

Sind Kinder mit dabei, so dürfen die mit der Mama oder der Oma zwischendurch mal raus. Zum Karussellfahren, zur Wurfbude, und wenn sie glückstrahlend mit einem Wiesnherzl um den Hals und einer Zuckerwatte auf dem Stangerl wieder im Zelt eintrudeln, herrscht rundum Zufriedenheit.

Dass auf dem Heimweg noch ein Besuch im Teufelsrad ansteht, dass man an der Geisterbahn kurz stehenbleibt und in alter Tradition eine Runde mit der Krinoline dreht, versteht sich von selbst. Und wenn man nicht noch beim Schichtl zumindest die Parade erlebt hat, wäre der Wiesnbesuch unvollständig.

Außerdem geht ein Münchner nicht nur einmal. Er trifft sich mit Freunden, mit Kollegen, und jedesmal kann man gemeinsam feststellen, dass es nicht unbedingt stimmt, das „früher, ja, da war oiss ganz anders." Man weiß, hat und findet auch heute noch die Plätze, in oder an denen man nichts vermisst. An denen die Wiesn ganz einfach das ist, was sie immer war. Und was sie auch immer bleiben wird.

Die Wiesn, das Münchner Oktoberfest, wie es in seiner Ursprünglichkeit den aus aller Welt kommenden Kampftrinkern und sonstigen „Aa Dabei's" wohl für immer unerkannt und verborgen sein wird.

Es sei, so jemand hat einen Münchner zum Freund. Der ihn mitnimmt, aufklärt und teilhaben lässt am größten und schönsten Volksfest der Welt.

Bei den Schaustellern

Beim Lukas

Einzelkämpfer sind in der Minderheit. Meistens sind es Grüpp-
chen. Meistens lauter g'standene Männer. Dazwischen auch
ein paar „Grischperl". Die meinen, Wiesnbier verleiht ihnen
Bärenkräfte. Aber von wegen.

Und weil's beim Helmut bei allen drei Schlägen jedesmal
krachte, wollten dem die anderen in nichts nachstehen.

Beim Alfred war es schon bedeutend schwächer. Ein einzi-
ges Mal schepperte die Zündkapsel, dann war Feierabend. Und
beim stets maulstarken Gustl, da ging überhaupt nichts. Wo er
doch seinem Schatzerl beweisen wollte, was er für ein Kerl ist.

Und immer, wenn so etliche Versager von der Bühne abtre-
ten, kommen, voll und ganz auf Erfolg eingestellt, die nächsten. Jeder einzelne mit einem geringschätzigen Blick auf die
wartende Zuschauermenge. Doch wie verhext, nicht einmal bis
zur Hälfte steigt die Anzeige in die Höhe. Bis dann der Alois
an die Reihe kommt. Der sich kurz in die Hände spuckt und
dann, ja dann kommt er nur ein kleines Stückerl weiter als sein
Vorschläger. Endlich beim Simon, da kracht es. Eins, zwei, drei
mal. Und stolz nimmt er seine Trophäe, eine Plastikrose, in
Empfang. Immerhin, er hat die Gruppenehre gerettet.

Beim Weggehen, da wissen sie's aber genau. „Des hat nix
mit da G'walt z'toa. Des is a b'sonderne Technik", meint der
eine. Aber der nächste verbessert: „Da muaß ma bloß den Bol-
zen genau mittig treffa und auf z'Letzt dann den richtigen
Schwung hi'legen." Der Simmerl jedoch weiß es noch besser:
„Da braucht's gar ned lang drum rum red'n. Des müsst's a so
macha wia i, nachad funktionierts immer." So ein Angeber.

Vielleicht sollte man das Sprücherl an der Bühnenver-
kleidung besser beherzigen. Da steht es schwarz auf weiß:.

> „Ein jeder leicht den Lukas schafft,
> hat er a Schneid und aa a Kraft.
> Ne drauf haun wie ein wilder Stier,
> mit Schwung und Freud gelingt es dir."

Also, Schwung und Freud, das ist's.

Krinoline Sonderfahrt

Wer kennt sie nicht, die Krinoline. Das älteste und, nebenbei
bemerkt, gemütlichste Nostalgie-Fahrgeschäft auf der Wiesn.
Und das einzigartige Gefühl von Glückseligkeit wird von
Generation zu Generation weitergegeben. Und nicht selten
kommt ein vielköpfiger Familien-Verbund für diese Rundreise
in die Vergangenheit. Aber es gibt auch ganz spezielle Krinoli-
ne-Freunde. Die sich nicht nur einmal, sondern bei jedem
Wiesnbesuch, von den Klängen der Original-Krinoline-Blas-
musik begleitet, ohne Stress und Hektik um die Runden schau-
keln lassen.
Dann gab's da noch einen ganz besonderen Fan. Der, mitten
im Hochbetrieb, für sich ganz alleine eine „Sonderfahrt" machen wollte. Was aber während der Hauptgeschäftszeit, wenn
die Leute von allen Seiten daher drängen, nicht zu machen ist.
Eine einzelne Person, noch dazu aufgebrezelt wie ein Pfingst-
ochse, und die andern 15 Gondeln leer. Sowas geht eventuell
und sicher gerne gleich in der Früh, aber nicht um die Hauptzeit.
Doch der Gute hatte sich einfach eine „Krinoline-Sonder-
fahrt" in den Kopf gesetzt. Und so kam er schon tags darauf
wieder daher.
Mit 18 Damen, die er als „Sonderfahrt-Gäste" großzügig in

die gesamten Gondeln verteilte. Er selbst nahm mit 4 Damen in einer eigenen Gondel Platz: Grad zu tun hatte das Krinoline-Personal, den anderen wartenden Interessenten den Zutritt zu den jeweils freien Plätzen zu verwehren. Dann kam vom „Sonderfahrt-Gastgeber" das Kommando: „Auf geht's, fahrn' ma."

Aber Pfeifendeckel. Die Krinoline war nämlich überhaupt nicht im Gleichgewicht und somit auch nicht fahrbereit. „A so a Glump", wollte der Auftraggeber losmasseln. Aber es half nichts. Der Krinolinenchef füllte kurzerhand die freien Plätze mit den sowieso schon ungeduldig wartenden anderen Wiesnbummlern und dann ging's wirklich los.

Hinterher erklärte der Krinoline-Chef dem guten Mann die Technik und die Notwendigkeit für ein einwandfreies Funktionieren, was dieser letztlich sogar kapierte und anerkannte.

Seither kommt er bei jeder Gelegenheit zur Krinoline. Er nennt seine „Linksrum-Reise" jetzt die „Gedächtnisfahrt in seine Kindheit".

Beim Pfüagott-Sagen lächeln sie sich dann wortlos und verständnisvoll an. Der Chef von der Krinoline und einer seiner treuesten Fahrgäste. Einer von vielen.

Große Liebe im Kleinen Riesenrad

Für jeden Wiesnbesucher ist es unübersehbar, das Große Riesenrad. Aber für viele Wiesn-Kenner ist das „Kleine nostalgische Riesenrad" stets ein freudiger Höhepunkt. Mit Drehorgelmusik geht's rundrum, rauf und runter. Aber nicht zu schnell. Weil man sonst ja nicht den optimalen Genuss hätte.

Nicht selten fahren da auch der Papa oder die Mama, eine Tante oder die Oma und der Opa mit.

Dann muss der Riesenradbetrieb allerdings aufpassen, dass nicht „einseitig" besetzt wird. Dass das Gesamtgewicht schön rundum verteilt ist. Damit auch alles perfekt läuft.

Wieder einmal waren ein paar Gondeln nicht nur voll, sondern fast übervoll. Was zur Folge hatte, dass ein junger Mann kurzerhand zu zwei recht feschen Mädeln in die Gondel eingewiesen wurde. Zuerst wollte der gar nicht, aber schwuppdiwupp, war er schon drin und los ging's.

Und wie es der Zufall oft will, hat der junge Mann später die beiden Mädel im nächsten Bierzelt sitzen sehen. Als sie ihm gar entgegenlächelten, setzte er sich zu ihnen. Mit dem Erfolg, dass er sich mit einer der beiden, mit der Angelika, auch nach der Wiesn einmal traf. Und nicht nur einmal. Im nächsten Jahr gingen sie gemeinsam – natürlich zu „ihrem" Kleinen Riesenrad. Auch die nächsten Jahre.

Irgendwann erzählten die beiden so beiläufig, dass sie sich ja hier kennen gelernt haben. Und seit zwei Jahren glücklich verheiratet sind. Worauf den Riesenradbetreiber spontan in seinen Wohnwagen eilte und mit einigen Gläsern und einer Flasche Sekt daher kam.

„Sowas is bei uns scho öfters passiert", meinte er während des Einschenkens, „und sowas müass ma feiern." Auch seine Frau kam hinzu und mit einem „weiterhin oiss Guade" ging das junge Paar auf seine ganz spezielle Rundfahrt.

Zum Abschied sagte die Frau des Hauses noch: „Sie glauben ja gar ned, wia oft sich so was wia bei uns auf der ganzen Wiesn abspielt." Mit sichtbarer Freude winkte sie den beiden noch nach. Dann widmete sie sich den neuen Fahrgästen. Diesmal waren es überwiegend Kinder. Mit Papa, Mama, Oma oder Opa.

Im großen Riesenrad

Die entführte Braut

Bestimmt nicht nur im Riesenrad lernen sich Menschen kennen. Oder sie kennen sich schon ein bisserl (oder mehr) und möchten halt ihren Wiesnbummel und ihr Wiesnglück mit einer Fahrt im Riesenrad krönen. Und bestimmt auch nicht zum ersten Mal wird in einer der Gondeln hoch über der Wiesn ein Hochzeits-, ein sonstiger Festtag oder eine liebevolle Erinnerung an die erste gemeinsame Fahrt genossen.

Sogar eine „Brautentführung" durfte das Riesenrad miterleben. Schnell und vom Bräutigam unbemerkt waren sie schon drinnen. Die „Entführer" mitsamt der Braut. Als dann der Bräutigam ankam, konnte er seine Herzallerliebste zwar sehen. Aber zum Einsteigen oder die ihm Angetraute rausholen, dazu kam er so schnell nicht. Weil nämlich der Gondel-Chaffeur Bescheid wusste und jedesmal mit der Braut-Gondel an ihm vorbei fuhr. Nicht nur einmal. Doch hatte er dann ein Herz und bremste genau vor dem so sehnsüchtig Wartenden.

Wenn die beiden heute mit dem Riesenrad fahren, sagen sie nur: „Woaßt a's no? Damals …" Mehr brauchen sie gar nicht zu sagen. Dann fährt's wieder ein Stückerl weiter, das Riesenrad.

Woran erkennt man in einer Riesenrad-Gondel echte Münchner? Ganz einfach: Münchner sitzen durchwegs und genießen den Blick über die Wiesn und in die Stadt. Schau'n auf der einen Seite, ob die Frauentürme noch da sind, und auf der andern Seite nach den Bergen. Während die Fremden heftig gestikulieren, plappern und fotografieren, reden die Münchner mit den Augen und speichern diesen Anblick im Herzen.

Der letzte Blick

Sein Riesenrad und die Münchner Wiesn. Das war für den Senior-Chef, Herrn Willenborg, der ihn erfüllende Lebensinhalt. Viel zu früh erkrankte er und kam 1963, genau während der Wiesn, in das am Bavariaring liegende Krankenhaus. Er wusste, wie's um ihn stand, und hatte nur einen Wunsch: ein Zimmer, von dem aus er sein geliebtes Riesenrad sehen konnte. Dieser, sein letzter Wunsch wurde ihm erfüllt.

Seine Seele aber, die fährt seither mit. Bei jeder Tour. In seinem Riesenrad.

Brief an den Schichtl

Lieber Herr und Frau Schichtl,

wie ich erfahren habe, wird bei Ihnen auf dem Oktoberfest jeden Tag ein paarmal ein Mensch auf offener Bühne hingerichtet. Mit dem Schafott, wo ganz einfach der Kopf abgehackt wird.

Das trifft sich sehr gut. Weil ich meinen Mann, der wo mich ein ganzes Leben lang bloß schikaniert hat, nun endlich los werden kann. Ich hätte ihn schon des öfteren umbringen wollen, aber für eine einfache und schwache Frau wie ich ist das gar nicht so einfach. Vor allem, wenn man drauf kommt, dann muss ich ins Gefängnis. Und das will ich auf keinen Fall nicht.

Wenn aber Sie ihn öffentlich köpfen, dann bin ich ja unschuldig und es kann mir nichts passieren. Sollten für Sie Kosten entstehen, die bezahle ich dann sofort in bar.

Wir, das bin ich und mein Mann, werden dann am Mittwoch in der zweiten Wiesnwoche so gegen Nachmittag drei Uhr zu Ihnen kommen. Weil zuerst gehen wir noch in ein Bierzelt für eine letzte Brotzeit und zwei Maß Bier. Dann spannt er nämlich nichts und ist auch nicht so misstrauisch.

Damit Sie uns gleich erkennen, ich hab ein Dirndlgewand an mit Hut und zwei Blümchen drauf. Und mein Mann eine Trachtenjacke und eine grüne Weste mit roten Tupfen.

Wenn Sie halt vor dem Köpfen noch ein bisserl nett zu ihm wären, wäre das sehr schön.

Ich selber habe zwar schon auch etwas Mitleid mit ihm, wenn er da öffentlich geköpft wird. Aber er hat ja auch mich immer öffentlich eine blöde und dappige Kuh und weiß Gott noch was alles geheißen. Und erst wenn er nicht mehr lebt, dann werde ich ihm dies alles zum größten Teil verzeihen.

In der Hoffnung, dass alles gut geht und ich wieder frei schnaufen kann, verbleibe ich mit besten Grüßen.

Rosalie ....

Auf'm Teufelsrad

Es ist schwer zu sagen, was da an erster Stelle genannt werden soll. Das „Teufelsrad", die Drehscheibe selber, der jeweilige „Ansager" und „Scheibendirektor" mit einem wahrlich unerschöpflichen Sprüche- und Flax-Register oder das oft mehr kugelnde als mitfahrende Publikum.

Angefangen von der „Butzelwar", den Allerkleinsten, bis hin zu so mancher Oma, die ihrem Enkerl zuliebe, wie selbst schon als Kind, auf dieser nostalgischen Holzplatte einige Runden mitfährt. Vergnügen und Heiterkeit ohne Ende.

Ein Rundfahrt ins Glück war es für die Irmgard und ihren Toni. Als nämlich der Drehscheiben-Fahrer mit seinem „Haus-

friseur", dem großen Stoffball, der Irmgard eine „neue Frisur" verpassen wollte, hat sich der damals unbekannte Mitfahrer schützend über die zarte Maid geworfen. Und seither darf er dies alle Jahre wieder.

Absolute Höhepunkte sind aber immer wieder die Boxkämpfe auf dem Teufelsrad. Zwei stramme Mädel aus dem Bayerischen Wald fühlen sich der Sache gewachsen. Sie gehen mit Schwung aufeinander los und jedesmal, wenn es brenzlig werden könnte, gibt der Plattenfahrer ein bisserl Vollgas. Mit dem Erfolg, dass beide Kontrahentinnen – schwupps – schon am Boden liegen. Lediglich der Schiedsrichter, ein junges Bürschlein, hüpft wie ein australischer Springbock auf der Außenbahn. Nach drei Runden steht es unentschieden und die beiden Freundinnen verlassen unter lautstarkem Applaus die Kampfstätte.

Alles wartet schon gespannt auf die nächste Kampfmeldung: Schwiegermutter gegen Schwiegersohn. Aber es meldet sich niemand. Und der Ansager informiert die erwartungsvollen Zuschauer. „Jaja, des glaub i scho, dass se da neamands meld't. Weil vorigs Jahr hat amoi oaner sei' Schwiegermutter satt auf der Nasen troffa. Der Schlag selber wär gar ned so schlimm g'wesen. Bloß wia er dann aa noch recht dreckig g'lacht hat, da hat's ihn dann enterbt. Also, nix wird's mit diesem Kampferl."

Dafür geht's in altgewohnter Weise weiter. Zuerst die Kinder, mit und ohne Mama, Papa oder Oma. Dann die größeren. Dann die Hulahupp-Mädel und der Reihe nach die gemischten Runden. Bei denen dann zum „Abräumen" jedesmal besagter „Hausfriseur" in Aktion tritt. Wie damals bei der Irmgard und beim Toni.

Es ist alle Jahre dieselbe Freude und dasselbe Vergnügen. Wenn's heißt: Ist dir das Leben öd und fad, dann komm zu uns aufs Teufelsrad.

Im Kasperltheater

Ein bescheidenes Dasein fristet er, der Kasperl Larifari, seit es auf der Wiesn immer mehr superschnelle Karussells und weitere faszinierende Attraktionen gibt.

Doch mindestens einmal, und wenn's passt, auch ein zweites Mal strebt die Dieriegl Oma mit ihren zwei Enkerln jedes Jahr in Trollmanns Kasperltheater. Kennt sie doch den Kasperl aus ihrer eigenen Kindheit höchstpersönlich. Naja, eigentlich war's ja umgekehrt. Als nämlich sie als Kind mit ihrer Tante Else zum ersten Mal ins Kasperltheater durfte, erlebte sie eine Überraschung, die einfach unvergesslich ist.

Der Kasperl wusste nämlich, dass sie im Zuschauerraum war und sogar in der ersten Reihe saß. Und als er damals das „hochverehrte Publikum" begrüßte, beugte er sich, fast furchterregend, ganz fest zu der damals kleinen Helga herunter und sagte doch glatt. „Ja, wer ist denn daaaa da? Das ist ja die kleine Helga. Gell, du tust mir helfen, wenn wirklich das böse Krokodil kommt."

Die kleine Helga war zuerst ganz verwirrt, als sie aber nach der Vorstellung draußen von ihren Eltern in Empfang genommen wurde, sprudelte es grad so aus ihr heraus: „Du Babba, der Kasperl hat mi kennt – und i hab eahm dann aa helfa derfa, wia des böse Krokodil kemma is." Natürlich hat sie auch im Kindergarten dieses Erlebnis ausführlich und überaus anschaulich erzählt.

Schon verständlich, dass die damals kleine Helga und heut selbst Oma „ihren" Kasperl auf der Wiesn immer wieder besucht. Manchmal sogar sitzt sie selbst unter der „Butzelwar" im Zuschauerraum. Und wenn es der Kasperl weiß oder sie sieht, beugt er sich, wie damals, ganz weit nach vorne. Bloß heißt es heut: „Ja, da schau her, wer ist denn daaaa da? Die Dieriegl Oma. Des is aber schee." Und je nach Programm, wird sie, wie damals, ihm im Notfall stimmgewaltig helfen.

Da wird sie fast ein bisserl traurig. Wegen des doch relativ geringen Besucherandrangs. Denn den Kasperl zu genießen, da braucht's halt ein wenig Zeit zum Sitzenbleiben. Und wer hat die heute noch? Wo sich doch rundum alles immer schneller dreht. „Eigentlich schad", meint die Oma bei einem kurzen Ratsch mit dem nun in Zivil dastehenden Kasperl, „derweil is doch so a Kasperltheater des scheenste, was ma sich vorstelln ko'. Aber die Zeit heitzutag, de überrumpelt oiss."

Doch der Kasperl wird, auch wenn er's zuweilen hart hat, weiterleben. In den Kinderherzen – und bei der Oma Dieriegl.

Am Toboggan

Gespannt warten die Zuschauer am Toboggan, wann und wie schön das Laufband den nächsten Mutigen auf dem Weg nach oben die Beine wegzieht. Während die meisten mit den Händen am Seitenhandlauf wie ein Tausendfüßler in der Luft vergeblich werkeln, liegen gänzlich Unerfahrene schon nach dem ersten Meter auf dem Rücken.

So auch die tugendsame, aber resolute und furchtlose Spät-Jungfer Theres, die mit einigen Bauernburschen aus dem Bayerischen Oberland vorher noch gemeinsam im ZLF (dem Zentral-Landwirtschaftsfest) waren.

Also, eine Stützhilfe des Toboggan-Personals lehnte sie entschieden ab. Doch zack, zog es ihr die Füße weg. Dann lag sie da. Beine nach oben, Rock in der Höhe, Unterrock ebenso. Riesiges Gelächter der Männer. Und bis sie wild entschlossen ihre entblößten Knie und Schenkel wieder verdecken konnte, wurde sie auf der mittleren Plattform auch schon sicher in Empfang genommen. Sie stieg die paar Treppchen nach ganz oben und mit dem Teppich-Kisserl kam sie unten wieder an.

Als sie die grinsenden und feixenden Blicke einiger Männer sah, meinte sie nur: „Ja, was lacht's denn so dumm? Habt's ihr no nia a Unterhosen von a'm Weiberleit g'sehng? Mannsbilder, depperte." Rundum kurzes Schweigen. Bis einer, es war der Edi vom Nachbardorf, verlauten ließ: „Ja scho. Aber ned die deine." Da drauf wollte und konnte die so tugendsame Spät-Jungfer Theres nicht viel sagen. War auch besser so

Ja, da schau her!

Der Bichler Schorsche und sein Eheweib, die Emerenz, bleiben am „Postkarten-Zentrum", gleich am Haupteingang stehen und staunen nur noch. „Ja mi hast halbert", lässt es Schorsche unüberhörbar tönen, „was de oiss ham'." Dann gehen seine Linser über die Palette der Gruß- und Scherzkarten. „Da san aber scho a paar schee schiache G'frieser aa dabei", spöttelt er und auf einmal sagt er zu seiner Frau und deutet auf das Bild mit einer ausgesprochenen „Wurzn" mit Wimmerl und Warzen im Gesicht. „Da ham's ja direkt di fotografiert." Er wollte es witzig sagen, aber seine drei Maß Bier ließen dies nicht zu.

Woraufhin seine Frau auf eine andere Karte deutet. Das Bildnis eines schwer angeschlagenen Mannsbilds, bei dem Maßkrug und Kopf die letzte Stütze fast am Boden finden. Den Text dazu, den liest sie ihm gar nicht mehr vor. Sie sagt bloß: „Aber di, mei Liaber, di hams aa ned schlecht derwischt."

Alle Sprachen der Welt

Wenn schon Gäste aus der ganzen Welt zur Wiesn kommen, dann muss man ihnen schon auch einen „Verstehst mi" bieten. Das heißt, sie in allen möglichen Sprachen informieren oder zumindest mit Händen und Füßen behilflich sein.

Da haben's halt die Renate und ihr Fredi an ihrem Souvenir- und Geschenke-Stand gut. Beide sprechen, wenn auch nicht perfekt, aber immerhin leidlich Englisch, etwas Italienisch und sogar Spanisch. Kommt noch die Angelika hinzu. Die war drei Jahre in Istanbul und ist somit für die Türken zuständig.

Wieder einmal Hochbetrieb, kauffreudige Kundschaft und es herrscht ein herrliches Stimmengewirr. Kommt eine Oma mit ihrem 8-jährigen Enkerl, der halt gar zu gerne so ein Bärli oder ein anderes Tier wollte. Die Oma fragt zwischendurch ganz schüchtern die Renate: „Sie entschuldign'S bittschön, i hätt bloß a Frag: Red'n Sie aa Deutsch?"

Wie wenn Deutsch – oder gar Münchnerisch – keine Weltsprache wär!

Mit Vollgas in die Kurven

Beim Autoscooter. Ein gar nicht mehr so junger Mann, nur leicht angeschwipst, kauft sich an der Kasse fünf Chips, steigt in eines der Fahrzeuge und kurvt rum, was der Mini-Renner mit dem Stromstangerl hergibt. Er fährt, wie gesagt, fünf mal hintereinander. Gibt Vollgas wie eine gesengte Sau. Eigentlich nichts Besonderes. Als er aber zum dritten Mal seine „Fünf-Fahrten-Serie" kauft, fragt ihn die Chip-Verkäuferin an der Kasse, ob er denn als kleiner Bub schon immer so gerne Auto-Scooter gefahren ist. Oder wollte und nie durfte. Aber nichts von alledem.

Und weil die beiden gerade alleine sind, beugt er sich etwas nach vorne und gibt sein Geheimnis preis. „Eahna sag i's, was mi da gar a so g'freit. Weil gestern hat mir d'Polizei a'n Führerschein abg'nomma. Zwengs a paar Kilometer z'schnell und zwoa Maß Bier. Aber heit, da, bei Eahna, da fahr i, solang's mi g'freit. Und so lang i mag. Ohne Polizeikontrolle. Verstehnga'S mi?"

Daraufhin schenkte ihm die Kassen-Dame, es war die Chefin selber, ihr nettestes Lächeln und noch einen Chip. Für eine Extra-Freifahrt. Denn so eine Kundschaft kommt nicht alle Tage.

Runter mit dem Zylinder

Wer kennt sie nicht, die Holzköpfe mit Zylinder. Die unentwegt von unten nach oben erscheinen und dann wieder nach unten verschwinden. Pausenlos. Und denen es auch nichts ausmacht, wenn sie den Ball, mit dem ja eigentlich der Zylinder vom Kopf geworfen werden soll, mitten ins Gesicht bekommen.

„Habt's ned den Kasperlkopf vom ...", fragt ein wurffreudiger Wiesnbummler, wobei er seinen Lieblingspolitiker meint. „Weil dem oane an sein Belle zünden, des waar genau des Richtige."

Aber die gute Frau kann ja nicht auf jeden Wunsch eingehen und die Köpfe so einfach auswechseln, wie die Regierungen ihre Sessel und Posten.

Oder gar ein anderer, der ein Foto seiner Schwiegermutter mit dabei hat. „Da, des papp'st ma irgendwo nauf. Dann schmeiß i aa. Und zwar solang, bis i's aa richtig troffa hab." Aber so geht's ja auch nicht.

Dann kommt ein „Babba" mit ausreichend Zielwasser intus. „Sechs Köpfe, sechs Bälle, sechs Treffer", diagnostiziert er seine eigenen Wurffähigkeiten. Doch weit gefehlt. Entweder ist er beim Abwurf zu schnell, zu langsam, zu weit links oder zu weit rechts. Als dann einer seiner Spezl recht hämisch meint: „Ein Satz mit ix – des war heit nix", schaut er diesen recht blöd an und geht wortlos weiter.

Ein kleines Büberl steht auch da und beobachtet mit sehnsuchtsvollem Blick die Akteure. Er tät schon narrisch gern auch mal schmeißen. Da gibt ein Mann neben ihm der Chefin über die Zylinder-Köpfe das Geld für ganze sechs Würfe und sagt dazu: „Da schaug her, i schenk dir sechs Würfe. Ziel guad und vui Glück."

Der Bub weiß gar nicht, wie ihm geschieht, und er wirft. Vier Treffer hat er und strahlt daher übers ganze Gesicht. Dann darf er sich sogar noch einen „G'winnst" auswählen und vergisst nicht darauf, sich bei diesem fremden Gönner zu bedanken. Dann verschwindet er ebenso unauffällig, wie er gekommen ist.

„Des is aber nett von Eahna", sagt darauf die Wurfbuden-Chefin zu dem edlen Spender. „Ham Sie den Buam kennt, dem'S da grad a wirkliche Freid g'macht ham?"

Der so Angesprochene erwiderte nur: „Wissen'S, des is a lange G'schicht. Wia i no a Bua war wia der da, i hätt ja aa immer so gern auf die Zylinder g'schmissen. Aber mei Babba hat damals für so was koa Geld g'habt. Und weil i dann gar so traurig war, hat mir a ganz a fremder Mo' aa sechs Würf zahlt. Und drum mach i heit aa amoi a'm andern Buam de Freid. Denn die Wiesn überhaupt ned genießen, des wär doch dann koa Wiesn."

Die Frau hinter der Wurflinie wollte zwar noch was sagen, aber inzwischen war die nächste Kundschaft da.

Und die Holzköpfe mit den Zylindern, sie drehten ihre Runden. Rauf und runter, rauf und runter.

Geister haben's schwer

Selbst einmal lebende Gruselfigur in der Geister-Burg zu sein, das war für eine junge Journalistin ein verlockendes Angebot. Anschließend einen Bericht abliefern zu können, in dem sie aus eigener Erfahrung berichten konnte. Gesagt, getan. Allerdings nur zur Probe. Und auf der Presse-Vorbesichtigung.

Hui, war das eine Sache! Schön brav auf einem Hockerl sitzen und immer, wenn das Türl aufschießt, mit einer furchterregenden Grimasse und ebensolchem Geheul, Gewimmer oder Gekicher die Fahrgäste erschrecken. Ganz schön anstrengend. Nach dieser nur sehr kurzen „Probezeit" als Burggeist gestand die holde Maid, dass sie selber jedesmal, wenn eine neue Geister-Kutsche um die Ecke direkt auf sie zukam, richtig erschrocken ist.

Ja-ja, sich über Geister lustig machen, sie gar als „harmlos" bezeichnen, das tut sie nicht mehr. Ihr Bericht war überaus nett und amüsant. Mit dem Fazit zum Schluss, „dass es Geister ganz schön schwer haben." Besonders die auf der Wiesn.

DRUMRUM

Die Wiesnbrotzeit

Damit endlich eine Ruh mit dem ewigen Gewinsel von ihrem Roland hergeht, hat die Bettl beim Metzger ein extra saftiges Ripperl, dann noch eine dicke Scheibe Thüringer Rotwurst und ein schönes Stück von der unschlagbaren Haussalami geholt und als eiserne Reserve noch drei Regensburger. Dazu beim Bäcker seine so sehr geliebten Kümmelweckerl.

Selbstredend auch ein paar knackige Essiggurken und einen Bund Radieserl. Jessas, bald hätte sie den Käs vergessen. Einen anständigen Brocken Emmenthaler und einen „G'stinkerten", einen Romadur. Den zwar sie überhaupt nicht, aber umso mehr ihr Roland mag.

Am Spätnachmittag war's dann soweit. Auf geht's, auf d'Wiesn. Herrliches Wetter, vor dem Wiesnzelt einen Platz mit bester Aus- und Umsicht auf das übrige Geschehen. Und die Bedienung war auch schon mit einer frischen Maß da.

„Oiso, jetz pack aus. Raus mit der Wiesnbrotzeit. Jetzt g'frei i mi scho richtig drauf", war das Begehr vom Roland. Doch die Bettl wurde schlagartig blass. Sie schaute rechts, sie schaute links und stammelte nur: „Um Gott's Willn. Jetzt hab i die Tüten mit der ganzen Brotzeit doch glatt in der U-Bahn liegen lassen. Des derf doch ned wahr sei'."

Der Roland schaute sie erst ungläubig an und sagte dann, in einem weniger beglückten Ton: „Ja, sag amoi. Wia konn dir denn so was passiern. Lasst du die Tüten mit unserer Wiesnbrotzeit mir nix, dir nix einfach lieg'n. Wo hast denn da wieder hi'denkt. Des ganze Zeig einfach liegen lassen."

Worauf die Bettl sich aber schnell wehrte. „Um de Tüten hätt'st ja aa du di kümmern kenna. Oiwei bin i für oiss da."

Ein weiterer kleiner Diskus war zwar unumgänglich, nützte aber jetzt auch nichts mehr. Die so sorgfältig ausgewählte Wiesnbrotzeit konnte man vergessen. Die war futsch.

Es gab halt wie meistens wieder ein Hendl, eine Wiesnbrezn und noch ein bisserl was vom nächsten Standl. Bis nach einer Weile der Roland feststellte: „Mi tät' jetzt bloß interessier'n, wer unser scheene Wiesnbrotzeit g'funden hat. Der werd se g'frein. Oa Bröckerl besser wia des ander." Wozu er noch einen Stoßseufzer in den weißblauen Himmel ließ.

„Aber des woaß i g'wiss", erklärte der Roland nach dem Hendlverzehr. Wenn mir am nächsten Mittwoch mit die Kranzbichlers auf d'Wiesn genga, nacha hol i mir mei Zeig selber zamm. Und des kriagst du mir gar ned in d'Händ."

Seine Bettl schaute ihn nur an und dachte sich ihren Teil. Schließlich kannte sie ihren Schmankerl-Genießer lange und gut genug. Und wenn er dann nächste Woche seine ganz spezielle Wiesnbrotzeit auf dem Tisch haben wird, ist ja eh wieder alles in Ordnung.

Wie heißt es so schön in Bayern: Leben und leben lassen.

Jede Menge Brezn

Wie Bienenwaben, besser gesagt wie Vogelnisthäusl mit großen Fenstern und ohne Anflugstangerl sind sie wie zusammengepappt rechts und links vor den Haupteingängen zu den Festzelten aufgereiht. Die Breznweiberl mit bzw. in ihren „Großraumgeschäften".

Und wenn dann neben den zahlreichen Käufern die Stammkundschaft anrückt, gibt es eine überaus freundliche Begrüßung und manchmal sogar noch einen kleinen Ratsch.

„Ja schee, dass' aa wieder da san", heißt es dann hoch erfreut. Und auf jeden Fall kommt die alljährlich gleiche Frage:

„Und wia geht's allerweil? Is oiss g'sund und munter?" Wobei sie ja erst gestern den Herrn Breindl nach seinem Wohlbefinden gefragt hat. Aber Höflichkeit gehört eben zu einem anständigen Geschäft.

Nicht selten kommt es vor, dass so eine Brezn-Frau ein 50-jähriges Wiesn-Jubiläum feiern kann. „Mei, schaugn'S", erklärt da die Frau Hellinger einem Reporter, „mit 19 Jahr hab i nach der Arbeit scho meiner Mam immer g'holfa und dann, wie's g'storbn is, dann hab i des ganz übernommen." Auf die Frage, ob es nicht doch eine lange und einseitige Sache sei, meinte sie nur; „Was tät i denn jetzt so alloa dahoam? I g'frei mi jeds Jahr scho wieder auf d'Wiesn." Dann aber ist sie beschäftigt. Die ganzen Nachbarn aus der Sedanstraße haben heute ihren Wiesntag, und da ist es Ehrensache, die Brezn, Salzstangerl und Weckerl bei ihr zu kaufen. Und mit einem: „Oiso, bis zum nächsten Mal wieder", hat sie auf einen Schlag gleich acht Riesenbrezn und vier Kümmelweckerl verkauft.

Dann will einer wissen, wie lange so ein Tag ist und wie lange sie das überhaupt noch machen will. Oder kann.

„Solang i g'sund bin und so lang's geht, so lang werd i da heraußen sei'", meint sie mit voller Überzeugung. Und was tut sie mit den Brezn, die sie einmal nicht verkaufen kann?

„Ja wissen'S. Des is a G'fuis-Sach. Und wenn's sei' muaß, dann bleib i hoid bis zum Feierabend da." Außerdem hat sie noch eine andere Taktik. „Und wenn wirklich amoi was übrig bleibt, dann nimm i des meine Nachbarn mit hoam. De ham vier Kinder und da gibt's dann ganz einfach Brezn-Knödel. Und i geh, wenn die Wiesnzeit vorbei is, zwischendurch a'mal zum Kaffee nüber."

So einfach ist das. Doch heute wird sie nichts mit nach Hause nehmen müssen. Denn der nächste Schwung wird von Herrn Schumacher angeführt. Er hat gleich um die Straßenecke eine Schreinerei und hat mit seinen Angestellten und Arbeitern den obligaten Wiesntag. Da weiß sie jetzt schon, dass nach kurzer Zeit Nachschub gebraucht wird. Und sie kann ein Stünderl früher als sonst nach Hause fahren.

Ein Schild wie bei einem Juwelierladen „Wegen Reichtum geschlossen", das braucht sie nicht. Denn reich werden tut sie keinesfalls. Aber für sie ist es die schönste Zeit, wenn sie den Leuten ihre Brezn, Weckerl, Salzstangerl und immer wieder Brezn anbieten und verkaufen kann.

Fischsemmel

Gleich am Morgen, wenn sich auf dem großen Völkerverständigungs-Areal der Bierdampf und der Trubel des Vorabends beruhigt und verzogen haben und die Sonne misstrauisch den neuen Tag beäugt, haben Fischsemmeln noch keine Hochsaison. Frisch aufbereitet liegen sie da und warten auf neue Wiesnbesucher. Fischsemmel-Liebhaber bevorzugt.

Und weil's halt wirklich ruhig war, hat die Chefin in ihrem Fischladen den Unterbau der Kühltheke gesäubert. Da hörte sie plötzlich die Stimme eines Buben. „Ui, Babba, schaug, a Fischsemme. A solche möcht i gern. Bittschön."

Als sie sich erhob, standen sie da. Ein Büberl mit seinem Papa. Beide in fescher Oberlandler-Tracht. Doch der Vater wollte nicht recht. „Geh, in der Früah scho a Fischsemmel. Des is was für oan, der a Mordstrumm Rausch g'habt hat." Und auf eine zweite Bitte des Buben hin sagte er nur: „Was willst denn. De Fisch, de schlafa ja no. Siehgst, wias drin liegn in da Semme."

Also, so was Seltsames hat die Fischfrau nun doch noch nie gehört. Sie schaute den „Babba" an und erklärte diesem mit absoluter Direktheit: „Sie, dass a's bloß wissen, de Fisch und de Semmeln, de san ganz frisch herg'richt'. Wenn da no wer schlaft, nachad san Sie des." Fast giftig ist sie dabei geworden und deshalb legt sie noch eins drauf. „Und wenn Sie Eahnam

Büaberl, der wo so nett g'fragt hat, ned amoi a Fischsemmel vergunna wolln, dann schenk eahm i oane." Nahm eine der üppig belegten Köstlichkeiten und reichte sie dem Büberl hin. Dieses sagte voller Freude bloß „Dankschee", der Babba legte wortlos das Geld auf die Theke und dann gingen sie weiter.

Ob der Bub seinen gar so sparsamen Vater einmal hat abbeißen lassen, ist und bleibt unbekannt.

Verdient hätt er's auf keinen Fall.

100 000 Maß Bier

„Die Wiesn soll um 100.000 Maß Bier länger werden", hat 1992 ein Zeitungsreporter „eruiert". Bloß, weil der Memmel Hermann meinte: „Wenn die Bierzelte meistens schon um zehn Uhr voll besetzt sind, könnte man doch (oder „vielleicht") auch schon um elf Uhr anzapfen."

Eine durstige Volksmenge zwei Stunden lang auf die erste Maß warten lassen – da hatte der Wiesnstadtrat offensichtlich Mitleid. Was der offensichtlich nur mit Zahlen beschäftigte Reporter nicht verstehen konnte. Woher auch.

Der Onkel Benno

Der Onkel Benno war dreifacher Hausbesitzer, durchaus liebenswert, aber sparsam. Böse Zungen bezeichneten ihn sogar als „knickert". Aber wie jeder Mensch hatte auch er seine guten Seiten.

Einen, den er gerne mochte, das war sein Neffe, der Nikolaus. Was schon daran erkennbar war, das er ihn liebevoll den „Nicki" nannte. Und, so sicher wie das Amen in der Kirche, so ging er jedes Jahr mit dem Nicki auf die Wiesn. Aus Kostengründen jedoch immer nur am Familientag.

Was dem Nicki ebenso recht war. Durfte er doch tatsächlich bei vielen der so zahlreichen wilden und noch wilderen Fahrgeschäfte seinen Mut beweisen. Wobei der Onkel Benno schon vernehmen ließ: „Ja, frühers, wia i no jünger war, da bin i so wo aa ei'gstieg'n. Aber heit. Naaa, mir gangst. Des derpack i nimmer. Aber wenn's dir gar so g'fallt, dann derfst sogar a zwoats Mal fahrn." Lediglich in die Krinoline, da stieg er mit ein. Schon aus Tradition. Und weil er den Nostalgie-Fahrgeschäfts-Chef persönlich kannte. Da musste man schon, wie sich's gehört, „Grüaß Gott" sagen.

Neben einer Zuckerwatte, einem Tüterl gebrannter Mandeln und einer Guatl-Kette bekam der Nicki schon auch eine Limo und die zwei Flügerl von Onkel Bennos Wiesnhendl.

Doch hernach, bei einer Raubtierschau, da meinte der allzeit streng kalkulierende Onkel kurzerhand: „Da müaß ma ned unbedingt nei'. Da stellst dir jetzt de tigerte Katz von der Tante Emma vor, bloß vui größer und wuider. Des is dann desselbe."

Und bei den Todeswandfahrern, bei denen es nur so knatterte, da sagte er beschwichtigend: „Des is no nix für di. Weil des a ganz a g'fährliche Sach is. Wennst amoi größer bist und a'n Führerschein hast, dann gehn ma da aa amoi nei."

Vor dem Heimgehn bekam der Nicki noch ein Wiesnherz. Dazu die Ermahnung: „Des muaßt aber ned glei auf oamoi aufessen. Weil des hält länger. Und wenn's wirklich a bisserl hart werd, dann konnst des aa guad in dei Milch ei'brocka."

Erst viel später hat der Nicki kapiert, was sein Onkel Benno gemeint hat, als er ihm einmal erkärte: „Woaßt, wenn d'Leit von jemandem sag'n, der is reich, dann is des a so: Ned des, was'd verdienst, ist der Reichtum. sondern des, was'd ned aus'gibst." Aha, so war das gemeint.

Als sich der Nicki in aller Höflichkeit und Ehrfurcht beim Onkel Benno noch für den schönen Tag auf der Wiesn und die vielen schönen Erlebnisse bedankte, fügte er noch hinzu: „Und wennst du amoi groß und reich bist, dann denk dro, dass'd aa mit dei'm Neffen oder Enkerl auf d'Wiesn gehst. Weil des g'hört se, dass ma a'm Kind a Freid macht."

Was er ja wirklich auch tat. Gott hab ihn selig, den Onkel Benno.

Auf Männerjagd

Die Mary und die Lilly, zwei emanzipierte Erfolgsladies, sitzen in der Hausboxe. In einem Eckerl, von dem aus sie einen guten Überblick haben. Denn ihr gemeinsames größtes Hobby sind Männer. Da geht ein ehemaliger Kurzzeitverlobter von der Lilly draußen vorbei und grüßt lässig sein ehemaliges Show-Girl.

Fragt die Mary: „Du, sag einmal, der Heini wollt di doch amoi ganz dringend heiraten. Und jetzt?"

„Ah, vergiss den", meint darauf die Lilly, „der war a Wiesnbekanntschaft, mehr ned. Und nix dahinter. Und von wegen heiraten. Da war nämlich der Abteilungsleiter, du woaßt scho, mit dem i's damals g'habt hab, ganz dagegen."

Wieder die Mary: „Aber der, der wollt di doch aa heiraten, oder ned?" „Des scho", wieder die Lilly, „aber des hat hint und vorn ned hi'g'haut."

Fragt die Mary jetzt überneugierig. „Was is jetzt da dagegen g'standn?" Da nimmt die Lilly ihren Maßkrug, lacht und sagt bloß: „Ja, da war jetzt dem sei' Frau dagegen."

Aber irgendwann wird schon der passende Mann aufkreuzen. Für beide. Einen guten Platz für die Pirsch haben sie ja.

Wirklich zum Woana

Er hat im Bierzelt, noch dazu in der Hausbox, den schönsten Platz. Nette Leut am Tisch, a flotte Bedienung. Bei der ersten Maß noch freudiges „Prost" rundrum, dazu eine schöne Brotzeit. Auch bei der zweiten Maß noch ein fröhliches „Prost beinand" und somit Genuss pur.

Doch bei der dritten Maß wird der Kamerad traurig. Aber schon so, dass man sich nur noch wundert. Er fängt zu jammern an, dass er dies niiiiie geglaubt, dass es soooooweit kommen würde. Dass es gar noch sooooo schlimm werden würde und er selber nicht versteht, dass es sowas gibt.

„Ja, was denn? Wo fehlst denn auf einmal?" fragen die Tischgenossen. Er schüttelt nur den Kopf und jammert weiter. Trinkt ein kleines Schlückerl und fängt wieder von vorne an. Bis es seinem Nachbarn zu dumm wird und er ihn nochmals fragt: „Ja, was fehlt dir denn dann? Red hoid. Solln mir dir a Maß stiften? Oder hast Hunger? Red hoid."

Da schaut dieser in seinen halb leergetrunkenen Maßkrug und endlich redet er: „Des wenn i eich sag. Des werd's ihr wahrscheinlich gar ned versteh. I kunnt ja eigentlich rundum z'frieden sei. Hab a Geld, da bei eich a'n scheena Platz und a guads Bier. Und was is mei Schicksal? I hab koan Durscht mehr. Is des ned schlimm?"

In so einem Falle kann man nur auf baldige „Gesundung" hoffen und gute Besserung wünschen. Weil sonst wär's wirklich „zum Woana."

Am Glückshafen

„I hab zwar no nia was g'wunna", meint der Stiegler Opa, „aber s'Rote Kreuz, des hat mir scho a paarmal g'holfa. Und drum kauf i aa jedsmal a paar Lose. De kenna's braucha."

Und diesmal hat er glatt bei fünf Losen zwei Treffer dabei. Einmal einen einfachen Kamm. Und zum andern so eine Diddl-Maus. Er mustert beides, steckt es in die Jackentasche und geht zu seinen Rentner-Freunden ins Bierzelt.

Da wird nicht viel gesprochen. Worüber auch. Über die Bierpreise und sonstigen Steigerungen zu maulen, das bringt so und so nichts. Die Politik ist's auch nicht wert, darüber zu reden. Und das draußen vor der Box vorbei strömende Volk ist auch nicht mehr das, was es „frühers amoi" war.

Da kommt auf einmal ein Bub, es ist das Enkerl vom Gustl, an den Tisch und sagt freudestrahlend: „Opa, schaug, was i beim Glückshafen g'wunna hab." Er hat einen wirklich schönen Bären im Arm. Dann zieht er ein Malbuch unter der Strickjacke hervor. „Und des hab i aa no g'wunna.Des schenk i der Finni dahoam. De g'freit se ganz bestimmt aa."

Die Männer nicken verständnisvoll und freuen sich still mit.

Dann greift auch der Stiegler-Opa in die Joppentasche, zieht seine „Diddl-Maus" heraus und gibt sie dem Buben als zusätzliches Geschenk. „Da, de g'hört dir", sagt er und dann zeigt er seinen Freunden den zweiten G'winnst. Den Kamm.

Da fangen sie alle zusammen herzhaft zu lachen an. Der Stiegler Opa hat nämlich eine wunderschöne, stets auf Hochglanz polierte Glatze.

Aber einen guten Kamm kann man immer gebrauchen.

Kunststück. Copperfield

Auf die Wiesn, das größte Volksfest der Welt, drängt es schon auch Persönlichkeiten, die normalerweise nicht überall hingehen. Oder höchstens mit einer Gage, von der halb München Freibier bekommen würde. Es gibt aber auch wirkliche Weltstars, die gerne, ja unbedingt auf die Wiesn gehen wollen. Wie der berühmte Magier David Copperfield. Klar, dass sich bei solchen Gästen die Presse und das Fernsehen gegenseitig von den besten Plätzen schubsen. Diesen auf Schritt und Tritt verfolgen.

Mit berechtigtem Stolz durfte da die Wiesn-Chefin, Frau Dr. Weishäupl, „den David" auf einem kleinen Rundgang begleiten und führen. Da und da, hier und dort. Mr. Copperfield war hingerissen. Vor allem die Achterbahn, die hat es ihm derart angetan, dass er – oh Gott – sogar seinen Auftrittstermin im Deutschen Theater vergaß.

Steht jetzt nur zur Frage: War der Weltkünstler von der Wiesn, von der Achterbahn – oder von seiner Begleiterin derart „verzaubert"?

Ganz schön wepsig

Gebrannte Mandeln und viele andere Süßigkeiten gibt es zuhauf auf der Wiesn. Doch seinen Bedarf, ein Tüterl für die Mama und eines für die Tante Hilde, die hat der Wolfi schon zu seiner Lehrbubenzeit immer am selben Stand gekauft. Nicht, weil dort die Mandeln besser gewesen wären als bei all den anderen. Der wahre Grund war das nette Mädel, das ihn immer mit einem besonderen Lächeln bediente.

Und in all den Jahren wurden beide zwar etwas älter, aber die Treue als Kundschaft und besagtes Lächeln blieben dasselbe. Was irgendwann auch den Eltern bzw. Inhabern des Mandelstandes nicht ganz verborgen blieb. Also, eine Einladung während der Wiesn fiel ja von Haus aus flach. Aber nach der Wiesn. Einmal ins Kino. Oder an den Kleinhesseloher See zu einen gemeinsamen Kaffee. Dem Wolfi hüpfte das Herz bis zum Hals, als seine Einladung angenommen wurde. Es wurde eine Freundschaft, wie solche halt frühers noch üblich waren. Liebe, ja das waren noch große und fast unerreichbare Wunschgedanken.

Aber es sollte alles bestens werden. Der Wolfi anständig und fleißig, das Töchterchen Elisabeth voll und ganz Hausfrau wie auch mit Sinn fürs elterliche Geschäft.

Aber was hier noch lange drüber erklären. Heute steht der Wolfi als Junior-Chef am Mandelkessel, mischt Mandeln, Zucker und seine sonstigen Zutaten hinein und seine damals so heimlich angebetete Elisabeth füllt die Tütchen und verkauft recht

Da – kauf dir was !

tüchtig. Das Geschäft floriert. Auf der Wiesn, aber auch auf der Dult, am Christkindlmarkt und bei sonstigen Volksfesten.

Am meisten freuen sich daher Elisabeths Eltern, wenn jetzt das Geschäft in vierter Generation weiteren Bestand hat. Wo gibt's das heut noch. Bloß ein Problem hat der Wolfi. Und zwar mit den Bienen und Wespen, die in großer Anzahl und mit gierigen Stacheln sein Mandel-Königreich umschwirren.

„De Mistviecher, de dreckigen. Warum mögen denn de koane Bratwürscht? Oder Fischsemmeln. Naa, da bei uns, bei de Mandeln, da ham's a's wichtig. De Luder, de mistigen." Aber schnell hatte er kapiert und gelernt, dass bösartiges Rumschlagen mit einem Lappen oder sonstige „Vertreib-Maßnahmen" völlig sinnlos sind. Im Gegenteil, die Viecher wurden eher noch „wepsiger" und angriffslustiger. Wenn er dieses „Viechzeig's" in Ruhe lässt und ignoriert, dann lassen auch sie ihn in Ruhe.

Höchstens, wenn seine Elisabeth einmal mit etwas nicht ganz zufrieden ist und je nach Sachlage ein bisserl „motzt", dann vergleicht er sie mit seinen Plaggeistern und meint: „Mein lieber Schatz, i will ja ned jammern, aber heit bist wieder schee wepsig."

Obwohl er selber einmal festgehalten hat, dass, wenn Frauen „wepsig" sind, dies ganz was anderes ist.

Souvenir – Souvenir !

Ein gerissener Souvenir-Verkäufer hat einmal behauptet: „Alles, was wir haben, das brauchen sie auch. Und sollten wir was nicht haben, dann brauchen sie's auch nicht." „Hahaha", sagt da ein mehr auf Bier und Brotzeit eingestellter Wiesn-Bummler, „mit dene Sprüch derwischt aber aa bloß a paar Narrische."

Doch der clevere Geschäftsmann erzählte ihm vom Geschäft des Vortages. „Gestern is a recht a g'spickter Amerikaner mit seiner Girl-Maus da g'wesen. Sie, a ganz a jung's Goaßerl, sie wollt unbedingt den allergrößten Bär'n, den i da g'habt hab.

Scho oanahalb Meter groß. Und aa ned grad billig. Aber er, er hat'n kauft." Dann trank er einen Schluck Kaffee aus seinem Haferl und erzählte weiter. „Und weil's den ja ned no überall mit hab'n rum'zarrn kenna, hab i den mit'm Taxi ins Hotel schicka müassen. Ois zahlt word'n natürlich."

Ja, so eine Kundschaft ist wirklich ein Glücksfall. „Aber des scheenste, des kimmt erst no. Der Hotelportier wollt von mir wissen, was so a großer Bär kost. Er hat zwar koan b'stellt, aber i hab no erfahren, dass die zwoa aus Amerika für dieses „nice Bärli" für den Heimflug ein eigenes Flugticket lösen müassen ham."

Und wenn besagtes Girl ihren Sponsor nicht mehr knutschen mag, dann hat sie ein echtes „Wiesn-Bärli".

Wiesn-Originale

Wie überall, gibt's auch auf der Wiesn Originale, die unauffällig und trotzdem unentbehrlich sind. Wie z.B. die Olga. Einst offizielles „Münchner Kindl" und dann eine halbe Ewigkeit unterwegs in allen Zelten. Mit Herz und Seele hat sie Oktoberfest-Medaillen, König-Ludwig-Anhänger und weißblaue Bayernherzl verkauft. Und heute noch kann man beim Anblick eines derartigen Kleinodes hören; „Des hab i no von der Olga." Wiesn, Stadtfeste und der Zitherklub „Almröserl", das war ihr Leben.

Nicht minder bekannt war „der Gurkerl". Er hat sich mit seinen Gurken und seinem verschmitzten Lächeln einen Nimbus erworben, den man schlecht oder fast gar nicht beschreiben kann. „Der Gurkerl" hatte nicht nur Humor und einen untrüglichen Blick für „seine Kundschaft". Wusste genau, wann er wo sein musste, wann und wo eine „Nachlieferung" notwendig war. Und wenn ihn mal gar keiner beachten wollte, dann dirigierte er mit aufgespießter Gurke das nächste Musikstückl.

Und wenn sich gar ein paar nette, junge Mädel mit ihm fotografieren ließen, wurde auch sein Herz wieder jung. Die netteste Überraschung war es für ihn, als er einmal eine kurze Brotzeitpause einlegte und ihm ein Gast am Tisch empfahl, sich unbedingt von „so einem Gurkenmann, der da irgendwo im Zelt sein muss", eine dieser sauren Gurken zu besorgen. Er wusste nicht, dass ihm dieser „Gurkenmann" gegenüber saß.

Nach 92 Lebensjahren hat der liebe Gott den „Gurkerl", der mit bürgerlichem Namen Georg Köhler hieß, für künftige Lieferungen in das große Himmelszelt zu sich geholt.

Sicher wird es für ihn auf der Wiesn einen Nachfolger geben. Der sich dann von seinem Vorgänger, auf eingerahmtem Foto im Hofbräuzelt, ein paar gute Ratschläge geben lassen kann. Vorausgesetzt, er ist tüchtig, nett und der „Gurkerl" mag ihn. Dann ist er ihm ein guter Geist.

Gewusst wie

Nicht wenige sind es, die zur Wiesnzeit sogar Urlaub oder noch vorhandene Überstunden hernehmen, damit ihnen ja kein Tag auf der Wiesn auskommt. Hat gar noch jemand einen Stammtisch über diesen Welttermin, dann muss er ja täglich und pünktlich um 12:00 Uhr da sein. So auch eine nicht ganz unbekannte Münchner Persönlichkeit.

Wenngleich seiner Frau diese täglichen „Pflichtbesuche" nicht so ganz recht waren, ganz verhindern konnte sie diese nicht. Jeweils selber mitrennen wollte sie von Haus aus nicht und schließlich hatte sie drei Töchter im Alter von 5 bis 9 Jahren.

Mit dem Ansinnen: „Du konnst doch eigentlich amoi de Kinder mit auf d'Wiesn nehma und dene a Freid macha. Muaßt doch oiwei bei deine Gäst die hoibe Ewigkeit am Tisch sitzen", überraschte sie ihn einmal eiskalt. Wobei sie im Stillen darauf hoffte, dass er dann halt nicht gar so viele Maßen schluckte und die Kinder wirklich was von der Wiesn haben. Und da schau her, er fand dies sogar gut und versprach, es zu tun.

Als es dann soweit war, stiefelten die vier schon rechtzeitig los, „weils glei ab Elfe no ned so zua geht." Die Kinder freuten sich natürlich riesig, bekamen alle gleich ein Lebkuchenherz mit einem Münchner Kindl drauf und durften überall da, wo sie Lust hatten, auch fahren. Als es aber Mittag wurde, meinte der Vater: „Wisst's was Kinder, ab Mittag geht's da jetzt dann furchtbar zua und i hab aa no was G'schäftliches zum Erledigen. Aber i woaß was Scheens für eich."

Er ging mit den drei Mädchen in den Behördenhof, in dem es eine Stelle des Jugendamtes gibt, in der verloren gegangene Kinder bis zum Eintreffen der suchenden Eltern bestens betreut werden. Da gibt's neben jeder Menge Spielmöglichkeiten sogar was zu essen und zu trinken. Genau das Richtige also.

Der treusorgende Vater erklärte dort, dass er aus dringenden geschäftlichen Gründe ein paar Stunden keine Zeit für seine

Töchter hätte, gab eine angepasste Spende für die Allgemein-
kasse und vertrollte sich zu seinem Stammtisch. Fast kam er
sich vor, wie der berühmte „Aloisius", der mit seiner Himmels-
botschaft zuerst noch direkt ins Hofbräuhaus flog.

Den Kindern ging's gut, sie hatten sogar schon andere Spiel-
gefährten, dazu eine nette Tante, und die Zeit verging wie im
Fluge. Fast zu früh kam der Herr Papa, um seine Töchter wieder
abzuholen. Zuhause zeigten die Mädchen stolz ihre Wiesn-
herzen und erzählten, wie und was und wo sie überall waren.
Auch davon, dass sie bei einer netten Tante waren und mit anderen Kindern ganz viele Spiele gespielt haben. Bis dann der
Babba wieder gekommen ist.

Aha, dachte sich da die Mama, hat doch der glatt die Kinder
einfach an der Kinderfundstelle abgegeben, damit er ja zu seine Freunderl und an seinen Stammtisch kommt. Sie wollte schon
ein wenig masseln und ihn einen Rabenvater nennen. Doch sie
hatte eine bessere Idee.

Zwei Tage später ging sie mit den drei Kindern auf die Wiesn.
Zuerst bestaunten sie die vielen Fahrgeschäfte und Attraktio-
nen. Dann aber besuchten sie den anfangs völlig überraschten
Babba im Bierzelt. Genossen ein paar Würstl und eine Brezn.

Als dann der Babba ganz jovial fragte, was sie denn jetzt noch
alles unternehmen werden, sagte die Mama kurz und bündig:
„Des kimmt jetzt drauf o', wia vui Geld dass du uns mitgibst."

Derart angesprochen, blieb dem Guten gar nichts anderes
übrig, als die Börse zu öffnen und einen wirklich erlebnisreichen
Wiesnnachmittag zu spendieren. Als seine „Weiberleit", wie
er dies nur in ihrer Abwesenheit sagen durfte, das Zelt in Richtung Vergnügen verließen, dachte er sich nur: „I woaß ja, mei'
Maria is doch die Beste. Für mi und aa für die Kinder."

Dann kaufte er vorsorglich auch noch, für zum mit heim
nehmen, ein großes Wiesnherz. Mit der Zuckerguss-Aufschrift:
„Du bist mein bester Schatz."

Gewusst wie. Natürlich zur rechten Zeit.

G'stanzl früher . . .

Auf der Wiesn is's zeam,
da schiabn's und da drucka's,
und probiern ihre Arm',
beim „Hau ihn, den Lukas".

Auf der Wiesn is's grüabi,
da zwingt oan koa G'walt,
weil in am Bierzelt verliab i
mi bloß, wenns ma g'fallt.

Auf der Wiesn is's guad,
g'langt's Geld ned zum Sauffa,
konnst dir nauf für dein' Huat,
a'n Stoff-Affen kaffa.

Auf der Wiesn is's g'sund,
bevor mir s'Bier einibürschteln,
infiziern mir a'n Schlund,
mit schweinerne Würschtln.

Auf der Wiesn is's zünfti,
is d'Hetz no so groß,
koa Kellnerin schimpft di,
sondern schreit einfach „Soß".

Auf da Wiesn is's süaß,
'vorst abschleckst dei' Vroni,
spendierst ihr a Herzerl,
mit Weinbeerl und Honi.

Auf der Wiesn is's sauber,
nach Tschamsdarada,

kumma d'Kaspapierl-Klauber,
und de Z'sammkehrer aa.

..... und heute

Auf'd'Wiesn geht a Münchner,
wüsst se was Schöners kaum,
tuat brav sei' Maß genießen
und rundrum d'Leit' o'schaugn.
Und kimmt a Schnadder-Goschn,
de eahm sei Ruah tät stör'n,
» dann sagt er bloß, geh schleich di
i mag den Kaas ned hörn. «

Kummt gar no so ein Playboy,
in Tracht, gar schick und fein,
der unbedingt sich ei'buidt,
er müaßt da Scheenste sei'.
Doch macht er auf sei Mundwerk,
a Preiß, oh mei, oh mei,
» de scheenste Tracht für so oan,
kunnt a Tracht Prügel sei'. «

Da Xaver mit an Räuscherl
steht vor der Geisterbahn,
er schaugt und is verwundert,
was de da alles ham.
Doch moant ganz schlau dazua er da,
des Geld ko' i mir spar'n,
» a so a'n schiachen Geist wia da
den hab i aa dahoam. «

A Pfeiferl kaaft da Toni

beim Vogl-Jakob glei,
er nimmt's schnell aus der Tüten
und schiabt se's nei' ins Mäu.
Doch hat er halt ned aufpasst,
hat's g'schluckt. Da war was los,
» denn, lasst er jetzt oan sausen,
geht s'Pfeiferl hinten los. «

Für seinen Schatz der Sigi
hat kauft ein Wiesenherz,
damit's daheim vergessen kann,
den kurzen Trennungsschmerz.
Hat bloß auf oans ned aufpasst,
„Anita" steht da drauf,
» drum kriagt er von sei'm „Reserl"
aufs Dach glei oane nauf. «

Für d'Münchner is de Wiesn,
jed'smal ein Hochgenuss,
a frische Maß, a Hendl,
a'n Rundgang no zum Schluss.
Dazua de guad'n G'rücherl,
für des ham' mir a'n Sinn,
» drum druckt's uns oiwei wieder
so narrisch gern da hin. «

Es Leit', lasst's euch guad raten,
deat's ihr auf d'Wiesn geh,
es is auf unsrer Erden,
gwiss nirgends wo so schee.
Auf oans doch sollt's drauf achten,
ned z'widern und ned schrei'n,
» denn grüawig und schee g'müatli
soll unser Wiesn bleib'n. «

Nie wieder Wiesn

Im Gegensatz zu heute gab es einmal ziemlich strenge (und durchaus vernünftige) Grundlagen und Regeln, ab wann man ein Wiesnbier, d.h. ab wann man überhaupt ein Bier trinken durfte. Freilich, als Bub beim Bierholen unbemerkt einmal einen Zutzler im Treppenhaus, das war noch kein Problem.

16 Jahre, das war in der Schlosserei vom Herrn Stinglwagner die Ziellinie, ab der auch der Lehrbub Lukas, kurz Luck genannt, beim obligaten Firmen-Wiesnausflug mit auf die Wiesn durfte. Sogar noch mehr. Er durfte (musste) sogar schon nach der Mittagspause raus und die reservierten Plätze freihalten. Denn solche, die sich ohne Zögern einfach an einen freien Tisch setzen, die gab's immer schon. Manche nehme ganz einfach das „Reserviert"-Schild weg und stellen sich dumm.

Also war der Luck sich der Wichtigkeit seines Amtes voll bewusst, wie der Platzhirsch an Ort und Stelle, und wehrte erfolgreich alle Interessenten ab. Bis drei Naturburschen kamen und ihm klarmachten: „Kimm, geh weiter. Mir dringa bloß a Maß und dann verschwinden mir wieder. Und du kriagst aa oane von uns g'stift'." Wenn er auch nicht wollte, so schnell konnte er gar nicht schauen, wie alles ablief.

Als dann der Chef mit Gefolge eintraf, war natürlich der Tisch wieder frei und alles in bester Ordnung. Jeder durfte essen, wonach ihn gelüstete, und zum Luck sagte der Chef: „So, jetzt bist sechzehne, jetzt derfst aa und ganz offiziell a Wiesnbier dringa." Dann schob er ihm generös eine Maß hin und sagte: „Da, trink nur. Des is was Guads." Der Luck sagte nicht, dass er schon eine Maß getrunken hatte. War auch nicht notwendig.

Nach dem Essen und dem üblichen Blabla hielt ihm der Werkstattmeister, der Herr Heinrich, eine echte Virginia hin mit der Bemerkung: „Oiso, wennst jetzt scho sechzehne bist, dann derfst aa oane raucha." Steckte diesen Tabakstengel zuerst ins Bier, dann dem Luck in den Mund. Der in der Tat noch nie

geraucht hatte. Es war furchtbar. Gleichzeitig ziehen, durchschnaufen und husten, dass ging einfach nicht. „Des lernst aa no", frotzelte einer der Gesellen und zeigte ihm anschaulich, wie man so eine Virginia genießt.

Die weitere, vom Chef selber hingeschobene Maß Wiesnbier rutschte dem Luck direkt in die Wadln. Stehen konnte er noch recht gut, bloß seine Knie, die gaben keinen festen Halt mehr.

Zum Glück war es Freitag, da konnte er sich bis zum Montag wieder erholen von seiner ersten offiziellen Wiesn. Noch am Samstag früh schwor er: „Nie wieder Wiesn" und war so ruhig wie selten. Kopfweh, immer noch den bitteren Geschmack von dem Teufelskraut-Stumpen im Mund, so leidend war er ja noch nie. Am Montag in der Arbeit war natürlich der gemeinsame Wiesnbesuch Thema Nummer eins.

Da kam der Chef vorbei, schaute ihn wohlwollend an und meinte: „Oiso, a bissl blass warst scho um d'Nasn. Aber a Bursch wia du, der vertragt scho a anständige Maß. Und auf der Wiesn, da g'hört aa a Wetschinia dazua. Schmeckt hoid a bisserl rass. Aber zum Essen und zum Bier, da passt des." Klopfte ihm auf die Schulter und ging weiter.

Den damaligen Schwur „Nie wieder Wiesn", den hat der Luck allerdings schnell vergessen. Wär' ja noch schöner, wegen einmal Kopfweh und einer damals unverträglichen Raucherei auf die ganze schöne Wiesn zu verzichten. Niemals.

Ein Herz für Bedürftige

Die Vorfreude hat den Vorteil, dass des, was wirklich dann de Freid' macht, erst noch kommt. Wie z.B. die alljährliche Wiesn-Einladung der Landeshauptstadt München für hundert bedürftige und sozial schwache Menschen. Und nach dem Motto: „Heut ist ein Feiertag für mich", erscheinen sie auch alle in Schale. Die Damen, wenn's noch eines haben, im Dirndl, und die Herren, soweit vorhanden, im „Raiffeisen-Smoking". Nicht selten auf dem Hut noch einen Gamsbart. Von dem der Herr Gmelcher was zu erzählen weiß: „Den hätten's mir bald amal g'stohlen. So a Striezi! Aber grad no hab i ihn erwischt. Und seitdem hab i ihn dahoam lassen. Bloß heit, da derf er mit."

Auch bei den Damen gibt es viel zu erzählen. Doch dann wird aufgetischt. Und schön brav wird da das knusprige Hendl nicht nur gelobt, sondern auch bis auf den blanken Knochen abgefieselt. Weil's halt „so schee knusprig und gar so guad is."

Und dieser guten Tat folgend, laden auch die Wiesnwirte im alljährlichen Wechsel hundert Personen zu einem kostenlosen Wiesnbesuch mit „Verwöhnung" ein. Wofür man wirklich nur ein großes Lob und ein noch größeres „Danke schön" aussprechen kann.

Übrigens: Nicht nur zur Wiesnzeit, sondern das ganze Jahr über gibt es Wirte, die gelegentlich oder sogar regelmäßig einer Rentnerin vom Nachbarhaus oder einem sonstwie armen Teufel kostenlos ein warmes Essen und evtl. noch „a Quartel Bier" dazu auf den Tisch stellen.

Gottlob gibt es noch, und hoffentlich immer wieder, Menschen mit dem Herz am rechten Fleck.

Brief an den „Wiesnstadtrat" Hermann Memmel

[Original-Wiedergabe des handgeschriebenen Inhaltes.]

München, den 19. 7. 1993

Es wird ab sofort amtlich höflichst gebeten:

Sehr geehrter Herr Memmel !

Ich wurde im vergangen Jahr 1992 zum ersten mal zur Wiesn eingeladen. Und ich habe mich auch bei ..... herzlich bedankt.

Aber diesmal möchte ich persönlich mitteilen, dass ich heuer in diesem Jahr 1993 nicht mehr um zwölf Uhr mittag zur Wiesn kommen kann, sondern nur am Abend zur Wiesn eingeladen werde. Der folgende Grund heißt es bei mir, weil die Musikkapelle am Abend viel besser aufspielt. Wegen einer (!) Maß Bier gehe ich auf keinen Fall zur Wiesn und die langweilige Blaskapelle. Und ich will eine bessere Unterhaltung.

Bitte, es wird dringend gebeten, 3 Maß Bierzeichen, einen ganzen Enten-Gutschein und für 10,– DM Zigaretten genehmigen zu lassen. So wäre ich mit dieser Sache sehr zufrieden.

Oder sie schicken mir nur per Postüberweisung 120,– DM Wiesngeld zur Verfügung. Und das können Sie wieder von der Steuer absetzen lassen. Und das wäre für Sie das allerbeste.

Ich hoffe auch, dass ich eine gute Nachricht bekommen werde.

Mit freundlichen Grüßen

von Herrn Ludwig ....

Bitte bald genaue Termine angeben. Besten Dank !

Nicht ganz so direkt, aber auch sehr zielstrebig suchte einmal ein Busfahrer aus der Stuttgarter Gegend bei der Wiesnleitung die „Ausgabestelle für Freibier und Hendlscheine". Näher dazu befragt, erklärte er mit treuem Blick: „Ja wisset'S, wenn i in Stuagart oder in der nachschte Umgebung mit oim Bus voll Leut zu a'm Feschtzelt komm, da gibt's alleweil für da Busfahrer extra a Maß Bier und a Hendle. Und des möcht i gern abhole."

Er konnte es kaum glauben, dass dies bei der Wiesn nicht so ist. Und ja auch gar nicht möglich wäre. Wie denn? Außerdem, wurde ihm noch erklärt, soll bzw. darf doch ein Busfahrer überhaupt kein Bier trinken.

Als er wieder draußen war, meinte der Abteilungsleiter zu seinen Mitarbeitern nur: „Es werd's doch ned glauben, dass de in Stuttgart bei eahnam Volksfest für Busfahrer Bier- und Hendl-marken ham. Aber die Idee von dem war ned schlecht. Aber stellt's eich vor, da bräuchert ma scho für die ganzen Busfahrer a eigens Zelt.

Einladungen

Gibt es was Schöneres als eine Einladung auf die Wiesn? Fragt sich halt oft, von wem und wohin man eingeladen wird.

Kommt da ein Brieferl von der Firma „Fleißig und Splendid", in dem es u.a. heißt: „Erlauben wir uns, Sie am soundsovielten um soundsoviel Uhr ins soundso Festzelt herzlichst einzuladen". Weil sich besagte Firma für die „langjährige Treue und Verbundenheit" auf keinen Fall geizig zeigen möchte. Schon die Vorfreude ist groß. Es wird wieder das schon fast traditionelle Wiesn-Treffen. Ohne Krampf und in allen Ehren.

Dann gibt es auch Einladungen, bei denen dem Gastgeber das Beste und Teuerste gerade gut genug ist. Hier trifft's natürlich die „besseren" Auftraggeber oder Geschäftspartner. Von denen sich nicht selten dann diejenigen, die das ganze Jahr über eigentlich nie großen Hunger haben, sich vorher noch von einem Facharzt für innere Medizin den Magen erweitern lassen. Damit auch was Platz hat. Denn entgegen aller sonstigen Möglichkeiten wird da zuerst eine delikate Vorspeise, dann nach langwierigem Studium der Hauptspeisen ein ganz besonderes Schmankerl und hinterher selbstredend eine überaus üppige Nachspeise verzehrt. Und obendrauf einen Verdauungsschnaps der teuersten Sorte. Man weiß ja nie.

Nicht ganz so genusssüchtig, sondern mehr auf „Schau" fallen die Einladungen für „Auch-Promis", für Filmsternchen oder sonstwie bisher vielleicht unbekannte „Talente" aus. Bei denen „Bussi hin und Bussi her" ein mit einer Hendlbrust konkurrierender Busen oder halt eine sonstwie ausbreitungswürdige Story im Vordergrund steht.

Eine traurige, ja sogar todtraurige Sache wird so eine Wiesn-Einladung, wenn der als „Fresser-Adi" bekannte Spesenschmatzer ausgerechnet an dem Mittwoch auf Dienstreise ist. Herrschaftzeiten noch mal! Und beim besten Willen keinen

Ersatz findet, den er vertretungsweise nach Hinterdeppenhausen schicken könnte. Das sind dann Schicksalsschläge. Sorry.

Am einfachsten und am unkompliziertesten machen es da der Aschlau Günter und der Scheible Heinz. Beide im einfachen Staats- und Städtischen Dienst. Die aus „möglichen Bestechungs-Problemen" nicht einmal einen gestifteten Hendlhaxn, geschweige eine Maß Wiesnbier annehmen dürfen (sollen – können).

Als sie vor vielen Jahren nach einer Dienstbesprechung auf dem alten Messegelände zu einem gemeinsamen Mittagessen auf die Wiesn gingen, meinte der Günter kurzerhand: „Woaßt was, mir kenna uns jetzt scho so lang und ham uns immer guad verstanden. I lad di heit zum Mittagessen und auf a Maß Bier ei'." Zwar hat sich der Heinz sehr darüber gefreut, aber auch er wollte in dieser Art eine kollegiale Freundschaft besiegeln. Weshalb es zu einer vielleicht ungewöhnlichen, aber im Grunde genommen ganz einfachen Lösung kam. Der Günter bezahlte Speis und Trank vom Heinz. Und umgekehrt. Die Bedienung stutzte zuerst, als es hieß: „I zahl eahm des seine, und er zahlt des meine." Schon beim zweiten Besuch, als sie zum Abkassieren kam, sagte sie nur: „I woaß scho. Jeder lad't den andern ei'. Macht dann zwoamal soundsoviel." Bedankte sich fürs Trinkgeld, die zwei Mittagesser bedankten sich für die so „spezielle und aufrichtige Einladung" und beschlossen sogar, dass sie kurz vor Ende der Wiesn noch einmal gemeinsam diese Freude genießen werden.

Wär' noch der Esslinger Franz zu erwähnen. Er wurde immer von seinen Gartlerfreunden auf eine Maß eingeladen. Aber er lebt nicht mehr. Weshalb eine Extra-Maß in Erinnerung und für den „Franze" getrunken wird. „Weil mir ja ned wissen, ob's da droben aa a Wiesnbier gibt. Und des Manna, von dem woaß koaner, wie des dann schmeckt. Oiso dann, Prost auf unsern Franz."

Fast wie Weihnachten

Ein wenig sollte man schon mit offenen Augen durch die Wiesn spazieren. Denn neben und zwischen all den glitzernden Lichtern und Menschenmassen lassen sich zuweilen auch ein paar Schatten entdecken. Wenn man sie sehen will. Wenn da ein älteres Weiberl, das nicht gerade von der Glücksfee und vom Schicksal verwöhnt wurde, in der Nähe eines Hendl- oder Haxn-Braters in die Abfallkörbe schaut, ob nicht von einem der vielen übersatten Menschlein ein schlecht oder gleich gar nicht abgefieseltes Resterl zu finden wäre.

Um so mehr glaubt dieses Weiberl sogar auf der Wiesn, dass heute schon fast Weihnachten sein muss, als sie von einem Ehepaar angesprochen wird, sie soll doch bittschön da ein klein wenig warten. Und während die Frau mit ihr über so Allgemeines und auch über die Wiesn spricht, kommt der Mann mit einem frischen, schönen und herrlich duftendem Hendl daher. „Da, des g'hört Eahna. Lassen Sie sich's schmecken."

Sogar eine Brezn hat ihr der unbekannte Gönner mitgebracht. Und während die so Beglückte gar nicht recht wusste, wie sie da jetzt „Dankschön" sagen sollte, steckte ihr die Frau noch einen Zehn-Euro-Schein in das dürftige Tascherl. Mit einem „Des kenna'S bestimmt aa guad braucha", verabschiedeten sich die beiden. Wissend, dass sie einer einfachen, bestimmt sehr bedürftigen älteren Frau mehr als eine Wiesnfreude bereitet haben. Für die war's wirklich schon „fast Weihnachten". Irgendwann wird sie vielleicht sogar mal von einem „Wiesn-Christkindl" erzählen.

Das gelbe „Liege-Taxi"

Dass die halbe Welt ausgerechnet an diesem „Spezial-Wiesn-Fahrzeug" Kauf- und Nachbau-Interesse hat, spricht für die Güte, Qualität und Nutzbarkeit desselben.

Und jeder vom Wiesnbier Geschädigte, der diesen Transport einmal in Anspruch genommen hat, wird bestätigen, dass er noch nie derart gut gelagert zur Nächstversorgung gekommen ist.

Mag schon sein, dass Unkundige, Außenstehende oder ahnungslose Streckensteher interessiert oder kopfschüttelnd ihr Mitgefühl bekunden, doch nicht selten kann man auch weniger höfliche Anteilnahme – „Sich a so voll laufa lassen. A Schand is des!" zu hören bekommen.

Im „Empfang" werden die Neuankömmlinge von durchwegs erfahrenem und härteerprobtem Fachpersonal dann weiter betreut. Und je nach Zustand versorgt. Im Nebenraum ist dann das Wartebankerl für evtl. mitgekommene Ehefrauen oder sonstige besorgte Angehörige. Und nicht lange, dann können die meisten unter deren tätiger Mithilfe das Wiesn-Mini-Krankenhaus wieder verlassen.

Mit einem „Merci, Freunde" haben sie dann den Heimweg angetreten. Bloß, weit ist so mancher nicht gekommen. Oft bloß bis zum „Hang der Glückseligen." Das ist das Wiesnstück gleich neben der Bavaria.

Platzvorteile

Während andere Kinder in vornehmen Villengärten, Hinterhöfen, auf Bolzplätzen oder im Schülertreff ihren Aktivitäten nachgehen, haben der 8-jährige Tobias und seine um ein Jahr ältere Schwester Petra als Schausteller-Kinder eine ganz besondere „Spielwiese". Ihnen gehört während der Wiesnzeit ein Stückerl dieser Wiesn.

Nicht nur, dass die Petra zum Beispiel auf dem Teufelsrad als mit Stolz vorgezeigte „Weltmeisterin mit den Hulla-hupp-Reifen" uneingeschränkten Beifall der Zuschauer kassiert. Oder der Tobias im Irrgarten-Kabinett bei der verzweifelten Ausgangs-Suche manchmal als Retter fungiert.

Alle beide machen sich auch bei umliegenden Schausteller- und Geschäftsnachbarn nützlich. Die Petra zum Beispiel bei der Würstl-Bude gegenüber. Da hilft sie beim Servietten falten, sorgt für frische Bierfilzln für die Tische und erledigt halt sonst noch ein paar Kleinigkeiten. Was dann von der Senior-Chefin immer wohlwollend mit etwas barer Münze und Naturalien belohnt wird. Zwar ist die Petra auf eine Bratwurst, eine Polnische oder so was nicht besonders scharf, aber ihr Bruder ist ein stets begeisterter Abnehmer.

Der hingegen hat bei dem Kinderkarussell gleich nebenan einen Job. Er hat sich als für die Sauberkeit zuständig erklärt. Man möchte es nämlich nicht glauben, wie achtlos und wurschtig viele Menschen, vor allem die Jugendlichen und Halbwüchsigen, einfach alles wegwerfen. Auch wenn gleich zwei Meter weiter ein Abfalleimer steht. Und jedesmal, wenn er mit seinem Steckerl mit Aufpickser vorne die weggeworfene Hinterlassenschaft entsorgt, nimmt er sich fest vor, seinen Kindern einmal Ordnung und vor allem Sauberkeit beizubringen. Gerne tät er ja so manchen Halbstarken einmal richtig zusammenstauchen, aber dafür ist er erstens viel zu klein und außerdem nützt das bei solchen Dumpfköpfen sowieso nichts.

Seine „Entlohnung" ist dann immer was Süßes. Nach freier Wahl. Denn die Tochter vom Karussell-Besitzer hat einen Zu-ckerwatte-, Mandel- und Süßwaren-Stand. So kommen also beide recht gut weg.

Zwar meinen ihre Eltern zur rechten Zeit, dass es im eige-nen Wigwam auch was zu tun gäbe, aber letztlich wissen sie ja, wo sie sind und dass sie rundum nicht nur bekannt, sondern auch beliebt sind. Was gerade im Schausteller-Gewerbe eine wichtige Grundlage ist.

Und so kommt es ganz von alleine, dass Schaustellerkinder die Wiesn doch ein bisserl besser kennen als alle andern. Wes-halb man durchaus von Platzvorteil reden darf.

Aufgeschnappt

„Jetzt steh i scho fast a hoibe Stund da und wart auf di", mault ein sichtbar ungeduldiges Mannsbild seine Frau an. „Jetzt dua ned a so. I hab da vorn bloß no d'Frau Sausinger kurz troffa und du woaßt ja ..." „Freili, ihr denkt's vor lauter Ratsch'n an gar nix mehr und i konn mir derweil d'Füaß in Bauch nei' steh und langsam verdursten." Wortlos, aber schnell waren sie drin im Bierzelt. Im Himmel der Krüge. Ein anderer Mann, der dies beobachtete und ebenso auf seine bessere Hälfte wartete, dachte sich nur: „Wenigstens geht's ned bloß mir a so." Es stimmt also, das Sprücherl: Geduld überwindet alles. Bloß haben muss man sie, die Geduld. ● ● ●

„Ach, wenn dat mein Otto noch erleben könnte", flötete eine schon leicht angetüterte „Lizenz-Bayerin" in ihrem Schicki-Micki-Dirndl ihr Gegenüber an. „Det wär für ihn det jrößte

Glück. Ooch in Tracht und ooch mit so en jemütlichen Maßerl." Worauf der andere Nachbar nur leise sagte: „I woaß ned recht. Ob dera ihr Otto da drobn ned aa sei himmlisches Manna hat? Und vor allem sei Ruah." „Ja, ja", meinte der eine wiederum: „Zum o'schaug'n, da is's ja recht schee. De Gnädige. Bloß ihr Goschn wenn's aufmacht, nachad guad Nacht um Sechse." Derweil war's schon längst dreiviertel Zehne. • • •

„Des sag i dir glei", ereiferte sich ein bereits gut abgefüllter Wiesngeher zu seinem Spezl, „wenn de von da Regierung moana, dass uns mit dera Geldpolitik die Wiesn versau'n, nachad ham's se täuscht. Schwar aa no." Er überlegte weiter. „Weil selber bloß Freibier saufa, und uns d'Steuern nauf hau'n, da geht bei mir nix. Da sag i unserm Bürgermoaster glatt ins G'sicht, dass er von mir überhaupt nimmer g'wählt und ned amal o'gschaugt werd. Außer er ruckt mit a'm Bier- und a'm Hendlzeichen raus. Dann is des was anders." • • •

„Nix mit Mausi. Du ausg'schamter Striezi, du. Haust mir den ganzen Abend a'n Schmus hi' und hintenrum tät'st mit dera andern Goaß was o'fanga. Aber ned mit mir, des merkst dir." Der so Aufgeklärte wollte beschwichtigen, als urplötzlich die „Andere" auftauchte. Jetzt war er in der Klemme, der Striezi. „Gell, dass des klar is. Zwoagleisig fahrn, da scheibt se bei mir gar nichts. Versprüh du dein Bauern-Charme, was'd magst, aber ned bei mir. Und auf so a'n Wiesn-Casanova is von Haus aus pfiffa, dass'd as woaßt." • • •

Es gibt wirklich Tage, da geht hint und vorn nix. Nicht einmal auf der Wiesn.

Wenn das Schicksal

Mittlerweile sind beide langst eingebürgerte „Lizenz-Münchner". „Sie", die Eltrude aus dem Hessenland, und „Er", der Joachim, ein echter „Köllscher Jung".

„Sie" war mit einigen Freundinnen schon eine Zeitlang im Bierzelt und bereits bester Laune. „Er" saß ganz woanders im Zelt und ahnte noch nichts von seinem Schicksal. Bis ihn eine Bedienung plötzlich fragte: „Sagn'S amoi, san sie aus Köln?" Der so Gefragte wusste nicht, was das jetzt sollte. Doch die Maßkrug-Walküre deutete nur mit dem Kopf ein paar Tische weiter und erklärte, dass die Mädels da Ausschau nach einer Rheinischen Frohnatur hielten.

Der Joachim äugte zuerst, trank sich noch etwas Mut an, und ein paar Minuten später saß er auch schon in einer überaus heiteren Damenrunde. Und wie's halt so geht, die „Eltrude" war's, die ihm offensichtlich so tief ins Auge blickte, dass er mit ihr noch einen netten Wiesnbummel unternahm.

Im Riesenrad, ganz oben, mit herrlichem Rundblick über den beleuchteten Festtrubel und einem kleinen Einblick in Eltrudes Herzkämmerlein, da muss es dann passiert sein. Da hat's „g'schnackelt", wie man in München sagt. Kurz vor dem Auseinandergehen wurden noch die Adressen ausgetauscht, und ein Wiesnabend war zu Ende.

Wieder zu Hause, hat der Joachim festgestellt, dass er die Adresse nicht mehr finden konnte. Einfach verschlampt. Herrgott noch mal, was tun? Doch lange brauchte er nicht zu überlegen. Denn das „Trudchen" wartete nicht allzu lange. Sie war ärgerlich, dass auch dieses „Sich melden-Versprechen" wieder einmal nichts als die üblichen Sprüche von Männern war. Und sandte ihre Entrüstung per Fax an den so Treulosen.

Jetzt endlich konnte der Joachim die Sache klären und die Eltrude wissen lassen, das er sie so bald wie möglich wieder sehen und treffen möchte.

Wie's dann weiterging? Ganz einfach. Das Schicksal hat es so gewollt, dass die beiden noch vor der nächsten Wiesn ein Paar wurden. Und weil es das Schicksal wirklich gut gemeint hat, sind beide sogar beruflich für ganz in München gelandet.

Heute, nach vielen Jahren erzählen sie ihren neuen Freunden, dass jeder für den anderen eigentlich ein „Wiesn-Souvenir" ist. Übrigens, das riesige Wiesnherz, das er ihr beim ersten Wiesnbummel noch geschenkt hat, das hat in ihrer Wohnung einen Ehrenplatz. Und zwischenzeitlich haben sie einen Sohn. Den sie stolz einen „Münchner" nennen.

Wenn das kein glückliches Schicksal ist, was dann?

Wiesnkellner – ganz privat

Ordnung muss sein

Sicher ist sicher – Lauter neue Anschlüsse

Eigentlich ist es jedes Jahr dasselbe. Und doch immer wieder anders. Es geht um die Anschlüsse für Wasser, Abwasser, Gas, Strom für die Schänken, von den Großküchengeräten bis hin zum Handwaschbecken im Chefbüro.

„Ja, wann kriag i jetzt endlich die Anschlusspläne von dem neien Konvektomaten", will der Installateur wissen. „Da müassen doch garantiert lauter neie Zualeitungen g'legt werden." Und er gibt noch zu wissen: „Weil hinterher kenna mir den ganzen Fußboden wieder aufreißen. Des kost' doch oiss Zeit und Geld."

Oh mei, was da wieder alles gleichzeitig daherkommt. Denn, so wie's die letzten Jahre war, passt's oder geht's halt mit der neuen Technik nicht mehr. Auch die Gaswerke müssen unbedingt den Verlauf der WC-Leitungen im Ostteil des Zeltes wissen, damit man den Bestand nicht beschädigt. Aah, da ist ja ein Plan. Es wird gegraben, die neue Gasleitung für die Hendlgrill-Großöfen gelegt, auf Dichtheit geprüft und alles wieder zugeschaufelt.

So nach und nach kommt man schon auf die Reihe. Wär doch gelacht.

Als der Installateur den Plan mit der neu verlegten Gasleitung bekommt, schaut er zuerst auf das Papier, dann auf den Bauleiter der Gaswerke und sagt: „Warum seid's denn da ganz außen rum g'fahrn?" „Ja, freilich", meint darauf dieser, „da san doch die ganzen WC-Leitungen drin und wia hätten mir da unten durch graben sollen?"

„Ah, geh", wird er aufgeklärt, „de Leitungen da, de werd'n

nach jeder Wiesn aus'baut und vor jeder Wiesn wieder nei nei'g'legt. Weil dann woaß i g'wiss, dass nix kaputt is und mir koane Störungen drauf ham." Und dann sagte er noch: „Kinder, warum seid's denn ned vorher zu mir kemma. Hätt's eich a'n Haufa Arbat spar'n kenna." Doch dafür war es jetzt zu spät.

Für die nächste Wiesn dann, da wird man sich eher gegenseitig informieren. Doch die Hauptsache ist erfüllt. Die da heißt: Ordnung und Sicherheit, das muss sein.

Wissen ist Macht – weiß nix – macht nix

Wenn es auf der Wiesn irgendwas Neues gibt, sind, meistens unsichtbar, die „Aufpasser" in der Gegend. Es kunnt ja sei', dass die Konkurrenz wieder mal um eine Nasenlänge voraus ist. Wo es dann heißen kann: „Ja, derf der des überhaupts?" Und man fragt nach. Im Kreisverwaltungsreferat, bei der Wiesnleitung, beim Wiesn-Stadtrat und weiß Gott noch wo.

Denn, wenn a bisserl a Profit rausschaut, da würde man schon so manche Mühe in Kauf nehmen. Man muss ja auf dem Laufenden bleiben.

Früher, da hat die Wiesnleitung immer eigens angeworbene Studenten auf „Rundreise" nach nicht genehmigten oder gar verbotenen Neuerungen geschickt. Bis man drauf gekommen ist, dass im Zweifelsfalle ganz von selbst eine Anfrage kommt, „ob denn der des darf. Ob des ned extra genehmigt werden muss."

Wer jetzt denkt, sowas wäre eine „Hinhängerei", der irrt. Sowas gibt es auf der Wiesn nicht. Man fragt ja nur nach, ob es da z.B. eine neue Bestimmung gäbe. Schließlich will, nein, man muss auf dem Laufenden bleiben. Wie die andern auch.

Die Polizei, dein Freund und Helfer

Was alles vor, während und auch nach der Wiesn im Dienstbereich der Polizei anfällt, das wäre alleine schon ein großes, dickes Buch. Wo wäre da der Anfang und wo ein Ende? Heitere wie ernsthafte Hilfeleistungen und Einsätze, die Palette an Ereignissen ist unerschöpflich.

Dass aber nicht nur strenge Vorschriften und Bestimmungen zu erfüllen sind, dass gerade innerhalb des Behördenhofes, so quasi bei der arbeitenden Wiesn-Belegschaft, menschlich-persönliche Beziehungen, Zusammenhalt, gegenseitiges Verständnis und sogar Humor angesagt sind, beweist folgendes Erlebnis.

Tatort: Fundbüro; Tatwaffe: ein Pferd; Hauptzeuge: eine fesche Polizistin (im Dirndl); Tatopfer: der langjährige Leiter des Fundbüros, Herr Deichstätter; Tatzeit: sein letzter Arbeitstag im Wiesn-Fundbüro.

Tathergang: Auf der Polizei-Wiesn-Wache war man sich einig: Der Herr Deichstätter muss als Abschiedsgeschenk etwas wirklich Besonderes bekommen. Schnell war der Plan geboren. Ein Mädel der berittenen Polizei sattelte ihr Pferd ab und führte dies, natürlich in einem feschen Dirndl, zum Fundbüro.

Der Deichstätter Helmut glaubte zu träumen und fragte bloß. „Ja, was soll denn jetzt das?" Doch das schicke Mädel wusste nur, dass sie dieses eine ganze Weile herrenlos dastehende Pferd hinterm Hackerzelt „gefunden" hat, und erklärte: „Wo soll i's denn sonst hi' bringa als wia aufs Fundbüro?"

„Jetzt bin i scho so lang auf der Wiesn. Aber so was is mir no nia passiert", meinte da der so Beschenkte. Er schüttelte nur den Kopf, er war, was bei ihm selten der Fall war, einfach sprachlos. Die Kameraden von der Polizei-Station schielten versteckt auf den Ort des Geschehens. Bis einer aus der Wache kam und meinte: „Ja, da is sie ja. Unsere Frieda." Nahm das Pferd am Halfter und plötzlich kapierte der Helmut, was hier gespielt wurde.

„Solche Hundling wia eich hab i aa no koa kenna g'lernt",

meinte der Helmut und klopfte der „Frieda" den Hals. Prompt wurde er aufs Pferd gesetzt, durfte noch ein paar Runden im Behördenhof auf einem absolut braven Polizeipferd drehen. Wobei er mit großem Beifall von allen Anwesenden verabschiedet wurde.

Doch schön, dass es auch sowas gibt. Wo? Siehe oben, unter „Tatort."

Auch für die Seele

Ob Schausteller, Wiesnwirt, Groß- oder Kleinunternehmer bis hin zur Breznfrau, für sie alle ist er einfach „unser Wiesnpfarrer". Ruhig und hilfreich, nicht nur als Seelsorger, auch für so viele Fälle des täglichen Lebens ist er bekannt und beliebt.

Ist ja auch was Schönes, wenn während der Wiesn ein neugeborenes Schausteller-Kind getauft wird. Wenn es später, wieder auf der Wiesn, zur Firmung kommt oder wenn anlässlich eines Gedenkens statt Trubel und Geschäftigkeit eine Heilige Messe zelebriert wird. Es kommt auch vor, dass vorne der Bär tobt und hinten im Wohnwagen die Oma und Senior-Chefin geistlichen Zuspruch braucht und bekommt. Wie überall im Leben sind auch hier erfülltes Leben und Tod ziemlich nahe beisammen.

Doch auch über heitere Dinge weiß der derzeit tätige Dominikaner-Pater als „Wiesnpfarrer" zu berichten. Als er in seinem weißen Habit einmal über die Wiesn ging, rannte ein kleines Mäderl, zuerst rasant, dann langsamer, bis zuletzt ehrfurchtsvoll zu ihm hin, betrachtete ihn ganz aufmerksam und fragte schüchtern: „Bist du der Papst?" Fast traurig, dass er nicht der Vermutete war, ging sie zu ihren Eltern zurück. Doch dann kam ein strahlendes Lächeln in ihr Gesicht. Ihr Vater hat ihr nämlich erklärt: „Nein, der echte, der große Papst ist das nicht. Aber der hier, der ist der Wiesn-Papst." Also doch ein Papst!

Geh, seid's doch ned so bläd

Vielfältig ist die Menschheit. Gleich gar auf der Wiesn. Da gibt es ausgesprochen ruhige Genießer, dann ewige Plappermäuler, solche, die beim Trinken oft keinen Bahnhof mehr kennen, und auch jene, die mit entsprechend Bier oder schlechter Laune auch gleich stänkern und raufen wollen.

Der Krämer Max, ein ausgesprochener Pazifist, hatte da auf der Wiesn immer seine Probleme. Egal, wo sich was rührte, wollte er als Friedenstifter fungieren. Ohne zu wissen, um was es gerade ging, meinte er: „Geh, seid's doch ned so bläd. Wega so was glei streiten." Mit dem Erfolg, dass beide Parteien sofort, und jetzt gemeinsam, gegen ihn handgreiflich wurden. Das „ned so bläd", das war zuviel.

Und so kam er, eigentlich nur auf dem Weg zur Toilette, herrlich demoliert an seinen Tisch zurück: ein schönes blaues Auge, eine leicht geschwollene Nase und ein aus dem Trachtenjackett ausgerissener Ärmel. Er wollte ja „nur" Frieden stiften. Im Familienkreis war er ja dafür bekannt. Nicht halt bei den Streithansln auf der Wiesn. Weshalb er bei seinen weiteren Wiesn-Besuchen immer einen Wach- und Begleitschutz bekam. Was er ohne Murren oder Aufbegehren akzeptierte.

Wachsam sein

Damit nicht jeder unkundige Wiesnbesucher plan- und ziellos durch den Behördenhof oder sonstige gesicherte Bereiche latscht, gibt es verständlicherweise einen Wach- und Ordnungsdienst. Der generell gesehen ein ziemlich umfangreiches Aufgabengebiet hat. Und das nicht nur auf dem Wiesngelände selber.

Ein alljährlich steigender Arbeitsbereich ist z.B. die „Citta piccola Italia". Das ist ein in unmittelbarer Wiesnnähe liegender Camping- und Wohnmobil-Parkplatz. Mittlerweile schon lange im Voraus total ausgebucht. Denn seit die deutschen Ferien- und Badestrandfreunde in Höchstzahl die italienischen Regionen und Strände wie Heuschrecken überfielen und bevölkerten, revanchieren sich die „Azzuris" mit regelmäßigen Gegenbesuchen zur Wiesn.

Ihre Zahl hat sich im Laufe der Jahre fast unglaublich vermehrt. Und der zwar italienischer Abstammung, aber in München geborene Giovanni hätte nie und nimmer gedacht, dass ausgerechnet er einmal der Platzmeister dieser motorisierten Karawane sein wird.

Eines muß man allerdings sagen: Im Gegensatz zu früher sind die Heutigen durchaus gesittet. Haben sogar mit dem Personal des Wach- und Ordnungsdienstes ehrliche Freundschaft geschlossen. Und nicht selten bringen sie Geschenke aller Art, am liebsten Wein, Nudeln, Käse und nicht selten eine italienische Salami mit. Dass sie mittlerweile auch Weißwürste stilgerecht essen können, erhöht ihren Stolz. Von dem dazugehörigen süßen Senf nehmen sie bei der Rückfahrt noch einige Gläser mit. Denn nicht nur der Senf, alles in München ist für sie „bella".

Mannigfaltig sind die Aufgaben für den Wachdienst. Gibt es halt immer wieder einige Unvernünftige, die meinen, dass ausgerechnet sie die Feuerwehrstation besuchen müssen. Wie der Wastl aus Hinterbuckelberg. Weil er dort zweiter Reserve-

Häuptling ist. Und mit den städtischen Kollegen in Gedankenaustausch treten möchte. Aber nur möchte. Oder der Otto, der unbedingt einen alten Schulfreund auf der Polizeiwache besuchen muss. Aber da geht gar nichts.

Wachsam sein, das sollte eigentlich auch ein Wachhund, der an einem der Zugänge zum Behördenhof sein Platzerl hat. Beim ersten Hinschauen möchte man's auch glauben, dass er garantiert jeden fremden Eindringling an den Wadeln packt. Aber nichts davon. Er war nämlich ein armer und einsamer Findling, den einer der Firmenangestellten zu sich nahm. Er ist brav wie ein Lamperl und freut sich über jedes gute Wort und jeden Streichler von Menschen, die ihm wohlgesonnen sind. Dann geht er wieder auf seinen Platz und wartet auf den nächsten Tierfreund. Für ihn könnt immer Wiesn sein.

Auch auf der Wiesn – Ordnung muss sein !

Das Superhändy

„Ja, wissen'S, des is a Exklusiv-Gerät, Bauserie 37-2-04 und grau. Der Deckel ist silbern. Und für mi ganz wichtig. Lassen'S mi doch amoi hi'schaugn. Ja, da, des is's." Aber so einfach geht das nicht. Denn von dieser Sorte und Marke liegen mindestens acht Stück in der Sammelschublade.

Nach einigem Hin und Her stellt sich auch noch heraus, dass besagtes und gesuchtes Händy vor etwa einer halben Stunde von einer Frau abgeholt wurde. Die sich korrekt ausweisen konnte und die für eine Ausgabe notwendigen Angaben zur Person, auch einige Daten usw. nennen konnte. Denn dies wird, wie immer, sorgfältig überprüft. Auch der herbeigeholte Empfangsschein bestätigte die Richtigkeit der Abholung. So eine verdammte Sch ... Jetzt war sie perfekt, die Katastrophe.

„Ja, leck mi doch oiss. Jetzt hat mei Frau des Händy scho abg'holt. Wo i jede Menge Adressen, SMS und Foto drauf hab. Ja, hol doch der Teife de ganze Wiesn." Da wussten selbst seine Spezl, die im Zelt auf ihn warteten, keinen Rat. Sie wollten sich auch gar nicht in derlei Dinge einmischen. Weil weder sie noch die Wiesn was dafür können, wenn er gar so ein Schürzenjäger und Leichtfuß ist.

Daheim am nächsten Morgen Gewitterstimmung. Seine Frau gab ihm wortlos sein Allerweltstelefon und ging in die Arbeit. Erst ein paar Tage später erklärte sie ihm ohne größere Umschweife, dass sie die Scheidung einreichen werde. Und er künftighin „von mir aus hundert, ja sogar zweihundert Miezen und sonstige Kurzzeitbräute ansimsen" und einspeichern kann.

Als er diesen Schicksalsschlag einem seiner Spezl erzählte, meinte der nur gelassen: „Bist ja aa a Depp. Mit dera Händyspinnerei. Nia im Leben werd i mir oans kaffa. Für was denn? Außerdem wär'n mir die Tasten da dro vui z'kloa, und de kloana

Zahlen auf dem Display, de kunnt i aa nimmer lesen. Und dann hab's i aa nimmer so kreizwichtig ois wia du, oider Haberer."

Dann fügte er noch, etwas „g'fotzert", hinzu: „Mei'n Stammtisch und d'Wiesn, die findt i aa ohne so a Kastl. Und wenn", wobei er dieses „wenn" besonders betonte, „wenn i wirklich amoi Oane kenna g'lernt hätt, dann wär i nia so bläd g'wesen wia du. Des hast jetzt von dei'm Superhändy."

Am liebsten hätte der Leidtragende sein Superhändy in den nächsten Abfalleimer geworfen. Aber den Rest seines Lebens ganz ohne Händy? Das wollte er dann auch nicht.

Feine Hunde

Schränke-, körbe-, schachtel- und schubladenweise stapeln sich auf dem Wiesnfundamt alle möglichen und unmöglichen Gegenstände. Von total wertlos bis ungemein wichtig. Und zur Ehre der Wiesnbesucher muss hier einmal festgehalten werden, es gibt auch noch ehrliche Menschen. Die nicht nur ein Ketterl mit einem Herzerl dran ins Fundbüro bringen, sondern auch eine prall gefüllte Brieftasche. Alles schon geschehen.

Absolut zutraulich kam einmal ein kleiner reinrassiger Pekinese daher. Bestens gepflegt und wohl erzogen. Konnte wie ein Zirkushund Männchen machen und dazu noch tanzen. Entdeckte sofort das Deckerl vom Gauweiler-Hund, und das gefiel ihm auf Anhieb. Inmitten aller sonstigen Fundgegenstände war er die Attraktion. Begutachtete das gesamte Büro und die Nebenräume, schlabberte das bereitgestellte Wasser und legte sich auf das Deckerl. Man hätte glauben können, er wäre der offizielle Bürohund. Und weil er gar so nett war, wollte man mit der Meldung bzw. Anlieferung ans Tierheim noch einen Tag warten. Vielleicht wird doch noch nach ihm gefragt.

Und prompt, am nächsten Tag kam das Herrle. Es war ein

Standbesitzer, der in der ersten Aufregung an alles, nur nicht an das Fundamt gedacht hatte. Und schnell klärte es sich auf, warum der Pekinese (er hieß „Oskar"), alle ihm angebotenen Schleckerle, und es waren sogar herrliche Braten- und Hendlfleisch-Bröckerl dabei, so hochnäsig ignoriert hatte. Der Nachbar von seinem Herrle hatte nämlich einen Würstlstand. Von wo aus er mit Männchen machen und ein bisserl Tanzen mit Würstl aller Art mehr als verwöhnt wurde. Vor allem Nürnberger Bratwürstl, die waren seine Kragenweite.

Als ihn sein Herrle unter den Arm nahm und den netten Leuten im Fundbüro dankte, meinten diese: „Ja, wenn mir des g'wusst hätten. Bratwürstl hätt er bei uns aa a paar kriagt. Weil er gar so schee Manderl g'macht und 'tanzt hat."

Also, wenn es der Hund gehört und verstanden hat, dann steht er gewiss irgendwann wieder im Fundbüro, macht Männchen und tanzt dazu. Und bestimmt rennt dann einer aus dem Team schnell ums Eck und holt ein paar Bratwürstl.

Kann man nur festhalten: feine Hunde.

Hilfreicher Trost

Mit verweinten Augen steht sie im Fundamt. Und so, wie's ausschaut, total umsonst. Denn verlorene Mannsbilder wurden hier noch nicht abgeliefert. Aber in ihrer großen Not war dies für sie die einzig sinnvolle Anlaufstelle. Ihr Herzbube war ihr abhanden gekommen. Und das beim ersten gemeinsamen Wiesnbesuch. Aber hier konnte man ihr nicht helfen.

Ob sie denn schon gegenüber beim Roten Kreuz nachgeschaut hätte? „Bei de B'suffern? Naa, da is er aa ned. Und außerdem, er hat ja fast no gar nix 'trunken." Wieder kamen ihr die Tränen. Ja, was tun? Da kam eine etwas ältere Frau an den Fundbüro-Ausgabetisch, deren Mann tags zuvor seinen Strickjanker im Zelt liegen gelassen hatte und den sie problemlos wieder mitnehmen konnte.

Als diese das Schicksal des weinenden Mädels mitbekommen hat, versuchte sie, diese auf die wohl einfachste und in lebensnaher Praxis erworbene Kenntnis zu trösten. „Oh, mei, Mäderl. Denk dir nix. Verlor'n ganga is dei Schatz bestimmt ned. Was moanst, wia oft der meinige schon „verlorn" ganga is. Aber wenn er gnua g'schluckt hat und müad is, nachad is er oiwei von selber hoam kemma. Und genau a so werd's aa mit dem dein' geh. Oiso, woan ned zwengs sowas. Werst sehng, morgen woaß der wahrscheinlich gar nimmer, wo er sich verlaffa hat. Und hinterher tuat's eahm bestimmt aa leid."

Dann nahm sie die inzwischen geholte Strickjacke in Empfang, das immer noch traurige Mädel am Arm und kurz drauf waren beide in der Menschenmasse untergetaucht.

Aus alten Zeiten

Wiesn-Romantik

Unweit, ja direkt in Sicht- und Hörweite von der Wiesn, gab es einmal den Bavariakeller. Eigentlich mehr ein großer, schattiger Biergarten mit einer relativ kleinen Küche. So mancher Wiesngeher machte dort vorher schon anständig Brotzeit, damit er die Wiesn selber und vor allem das Wiesnbier ohne größere „Schwächeleien" überstand.

Dem 12-jährigen Micherl dauerte das aber immer viel zu lange. Hörte er doch schon das Wiesngedudel und wollte halt so schnell wie möglich an die Stätte der tausend Wunder. Wollte die Menschenpyramide sehn, die mit einem Radl auf dem Drahtseil in schwindelnder Höhe von einer Zeltspitze zur andern fuhr. Wollte in der „Zuban-Schau" die Akrobaten bewundern, wollte einfach auf die Wiesn und nicht im Biergarten rumsitzen. „Am schönsten aber", erklärten ihm seine Großeltern, „am Schönsten is's oiwei, wenn dann später de vielen Liachter o'genga. Und wenn ois so erstrahlt. Was Schöners gibt's gar ned." Weshalb sie auch immer erst etwas später auf die Wiesn runter gingen.

Der Micherl durfte dann doch noch zu den so heftig gewünschten Attraktionen, bekam auch einen Türkischen Honig und statt Wiesnbier eine „Schoko-Banane". Es hätte nicht schöner sein können. Dann führten ihn seine Großeltern noch an den Fuß der Bavaria, die der Micherl natürlich mit Staunen und als „so groß" bewunderte. Noch mehr aber gefiel ihm, wie's der Opa schon angekündigt hatte, das sich immer schneller entwickelnde Lichtermeer. Er stieg sogar noch fast die ganzen Stufen empor, um alles wirklich genießen zu können. Dann war's Zeit zum Heimgehen.

Preis 10 Pfg.

Münchener Illustrierte

der Unternehmunge

Mit einem großen Plan der Festwie

Verlag: Carl Gabriel Münch

DAS OKT
Das größte V

Mag Hamburg auf seinen „Dom" und Dresden auf die „Vogelwiese" au
noch so stolz sein, deshalb bleibt es doch eine unbestreitbare Tatsache: Nationa
feste feiern kann nur der Bayer. Selbst kleinere Städte tun das mit Geschma
und Geschick. Es sei nur an die „Landshuter Hochzeit", an den „Meistertrunf

Oh-je, der Heimweg. Sicher hat es damals schon eine Straßenbahn gegeben, aber die hat ja was gekostet. „Und 's Laufen hat noch nie jemand geschadet", meinte der Opa und man stiefelte los. Von der Wiesn bis hinter den Ostbahnhof, das war ein schöner Schlauch. Doch zu damaligen Zeiten ist man überhaupt viel mehr zu Fuß gegangen. „Erstens is's g'sund, und zwoatens is die frische Luft nach der Wiesn ganz guad."

Als dann die Oma plötzlich meinte, dass man heute, ausnahmsweise, den weiten Weg doch mit der Trambahn fahren könnte, war am meisten der Micherl froh, als der Opa sagte: „Von mir aus. Fahr'n ma hoid heit amoi mit der Tram."

Es gab damals noch die Wägen mit den Gittertüren. Zum hoch heben und wieder schließen. Und vor lauter „lass mit aa no mit" hat sich der Micherl prompt den Finger derart eingezwickt, dass es nicht nur sehr weh tat, sondern auch noch heftig blutete. Da nahm der Opa kurzerhand sein Taschentuch, wickelte, nein, er strangulierte die Wunde direkt und sagte dazu: „Wärn mir doch z'Fuaß hoamganga. Dann wär des ned passiert."

Der Micherl empfand den Schmerz gar nicht mehr so heftig. Seine Gedanken waren immer noch auf der Wiesn. Bei den Künstlern, den Karussellen, den vielen Menschen. Am schönsten aber waren für ihn die vielen, vielen Lichter.

Die er fest in seinem Gedächtnis hat. Und die er heute noch Jahr für Jahr immer wieder bewundert.

Das Hippodrom-Lied

[Seinerzeit gesungen von Fred Rauch]

Luise, komm doch bitte mit
ins Hippodrom mit mir,
da machen wir den schönsten Ritt
und haben viel Pläsier.
Wir reiten in der Runde
so oft du willst, mein Kind,
denn eine Reiterstunde
ist wirklich keine Sünd.
Luise komm, Luise komm,
das Reiten ist so schön,
und jedn Tag im Hippodrom
woll'n wir uns wiedersehn.

Luise saß im Sattel drin,
mit Chick und voller Charme,
wie eine Reiterkönigin,
so ritt sie ihre Bahn.
Ich aber ritt' daneben
und fühlt oft ihren Blick,
ein solcher Ritt im Leben
ist doch des Reiters Glück!
Luise komm, Luise komm,
das Reiten ist so schön,
und jedn Tag im Hippodrom
woll'n wir uns wiedersehn.

Luise kam auch jeden Tag
ins Hippodrom und ritt,
und weil es ihr am Herzen lag,
so ritt ich immer mit.

Am Abend nach dem Wiesnschluss,
da lobte sie ihr Pferd,
und sang zu Dank für den Genuss
das Liedchen umgekehrt:
Meine Liebling komm, tu nicht so fromm,
das Reiten ist zu schön,
und nächstes Jahr im Hippodrom
woll'n wir uns wiedersehn.

Der g'hört mir

Laut Sigi Sommer soll sich in „ganz früheren Zeiten" einmal
Folgendes ereignet haben: Ein sehr norddeutscher Wiesnbesucher soll nach ausgiebigem Biergenuss mit einem Münchner am Biertisch eine für den Münchner unwichtige Diskussion geführt haben. Aber er wollte ihm unbedingt seine, die einzig
richtige Meinung dazu klar machen. Aber dies nicht nur im
Bierzelt. Er begleitete seinen Tischgefährten noch ein Stück
durch die Wiesn, um immer wieder mit seinem „Schmarrn"
daher zu kommen.

Wobei das dem Münchner irgendwann zu dumm wurde und
er die Quasselstrippe kurzerhand am Schlawittl packte und ihm
ein paar saftige Watschn anbot.

Doch gerade noch zur rechten Zeit kam ein Schutzmann
daher, und um einen größeren Streit zu verhindern, meinte er:
„Gebt's a Ruah. Da werd ned g'stritten. Und g'rafft scho glei
überhaupts ned." Und zu dem Münchner gewandt. „Kommen'S,
gebn'S mir den da, dann is Frieden." Doch dieser schaute ganz
entrüstet und sagte zu dem Schutzmann: „Du suachst dir selber oan. Der da, der g'hört mir."

Kinder-Wiesnglück

1950: Großes Staunen für ein achtjähriges Mädchen

Riesige Zelte, Blasmusik, so viele Menschen mit Bierkrügen, unendlich viele Hendl am Grill, aber alles nur zum Anschau'n.

Beim Wiesnbummel dann einmal (!) Schiffschaukeln und eine „Guadlkette". Zum Abschluß noch die „Zuban"-Schau. Auf riesiger Bühne. Gratis für alle.

2007: Wiesnbesuch eines achtjährigen Buben

Reservierter Platz bei den Eltern im Festzelt mit Schlager-Musik, vorher noch per Handy die Oma grüßen, riesige Speisenkarte, Hendl, Pommes, Limo, Brezn, schmeckt alles bestens.

Beim Wiesnbummel jede Menge Fahrten. Von wild bis ganz wild. Schoko-Wiesnherz, Eis, Mandeln, Popcorn, Stofftier und zum Abschluss „Star-World".

Endstation – alles aussteigen

Es ist sowieso fast wie ein Wunder, dass alles immer klappt und gut geht. Wenn zu gewissen Zeiten ganze Völkerstämme und ein Großteil der übrigen Welt nach einem ausgiebigen Wiesnbummel und womöglich mit etlichen Maßen Wiesnbier im inwendigen Marschgepäck gleichzeitig mit der U-Bahn heimwärts, in ihr Hotel oder ein sonstiges Quartier drängen.

Mit Sonderzügen, Sonderschichten, Sonderdurchsagen und besonderer Vor- bzw. Aufsicht sind die Stadtwerke darum bemüht, dass alles möglichst reibungslos abläuft.

Heilfroh sind da die zwei Spezl aus der ländlichen Umgebung, dass sie sogar noch einen Sitzplatz ergattert haben. Denn schon im Stehen drückt ihnen der Bierdampf die Köpfe auf die Brust, und sie genießen den Schlaf aller Seligen. Kein Wunder, dass sie das Umsteigen auf die Linie zum Ostbahnhof verschlafen und erst wieder wach werden, als eine Zugaufsicht erscheint und sie darauf hinweist, dass die Bahn bereits an der Endhaltestelle in Garching-Hochbrück angelangt ist. Also, aussteigen bittschön.

„Naa, mir steig'n ned aus. Weil mir wieder mit z'ruckfahrn. Mir müassen ja zum Zug zum Ostbahnhof." Doch der Diensttuende erbarmt sich der beiden Wiesngeschädigten, erklärt ihnen den Weg zum Einstieg in die gewünschte Richtung. Das erbetene Sitzenbleibendürfen geht deshalb nicht, weil der Zug ins Depot einrückt.

Moralisch und zeitmäßig schwer im Rückstand, sind die beiden dann wieder in Richtung stadteinwärts gefahren. Haben natürlich den vorgesehenen Zug in die Heimat nicht mehr erreicht. Aber sie waren ja nicht nur auf der Wiesn. Sondern am selben Tag auch noch in Garching-Hochbrück. Das schaffen nicht viele.